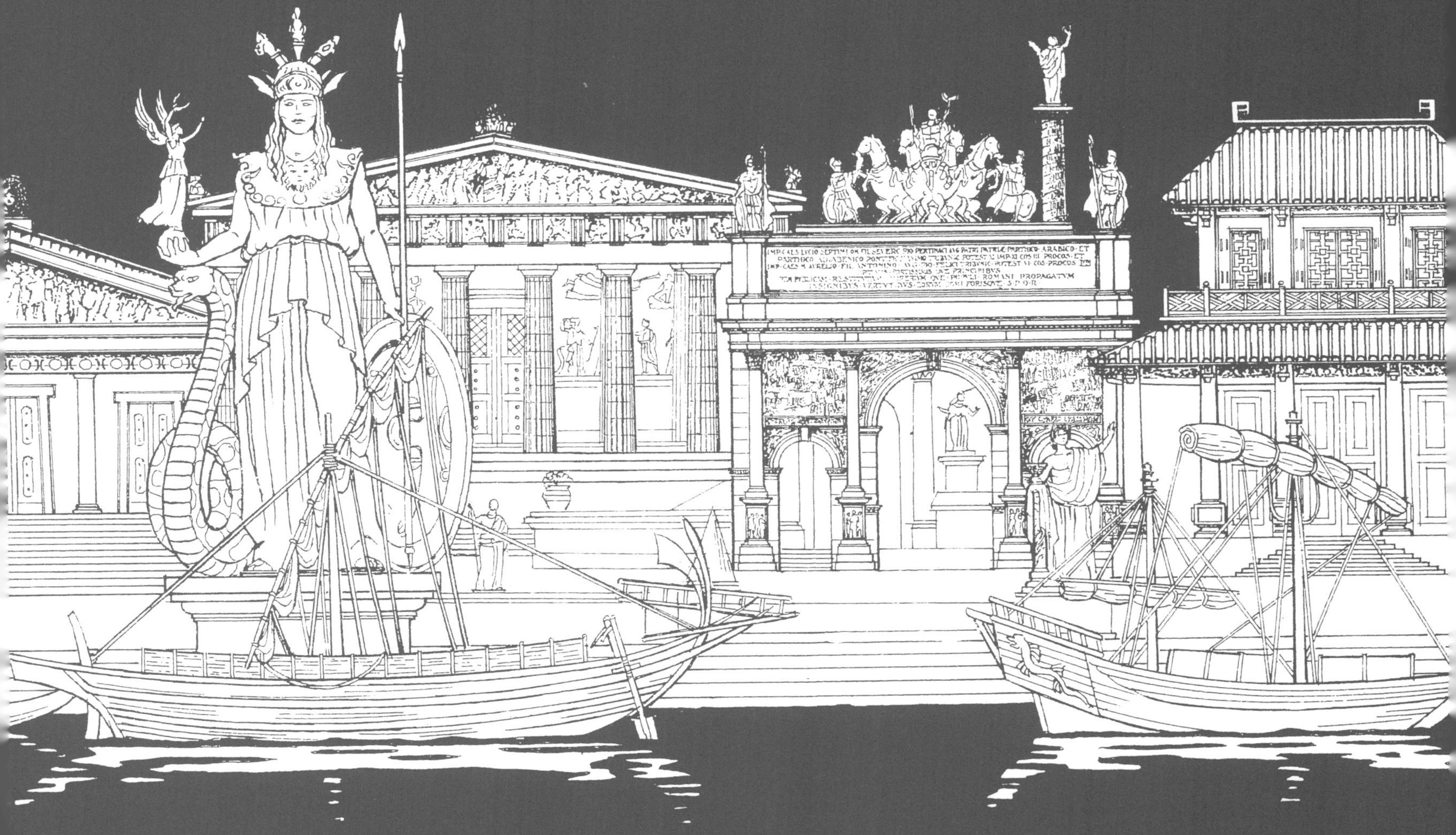

主要作者及丛书简介:

雅克·马丁: 法国著名漫画大师, 1921年生于法国斯特拉斯堡, 早年便在漫画方面表现出过人的天赋, 与著名漫画家埃尔热和雅各布并称为"布鲁塞尔学派"的三个主要代表。1948年, 马丁创造出阿历克斯这个生活在恺撒时代的罗马青年形象, 并在《丁丁》杂志上开始连载他的故事。凭借着广博的历史和文学知识、娴熟的绘画技巧以及对古代建筑精细准确的再现, 马丁创立了一个以严谨考证为基础的历史漫画创作流派。1953年, 马丁与埃尔热工作室合作, 参与了几部丁丁漫画的创作。1984年, 马丁获得法国艺术文学骑士勋章。1988年, 卡斯特曼出版公司大规模出版"阿历克斯历险记"丛书, 以庆祝马丁创作这套系列漫画40周年。马丁一生共创作漫画120多部, 累计销量超过1000万册。2010年1月21日, 马丁在瑞士逝世, 他的助手们目前在继续他的系列漫画的创作。

"时光传奇"丛书: "阿历克斯历险记"系列漫画是雅克·马丁一生中最重要、最畅销的作品, 也是世界漫画史上的经典作品之一。"时光传奇"丛书的重要组成部分即为"阿历克斯历险记图解历史百科"丛书的中文版。在本书中, 阿历克斯和他的伙伴将穿越时空, 带领读者领略各大古文明的兴衰。

特别感谢皮埃尔·德·布罗什对本分册的大力帮助。

时光传奇
Khronos Cross

法国漫画大师雅克·马丁作品

希腊

［法］雅克·马丁 著

甄权铨 尹明明 译

TΩ,ΑΔΕΚΤΟΡΙ ΑΡΤΥΡΟΤΟΞΩ,
ΘΠΑΩΝ ΑΔΟΜΕΝΩ,ΠΑΤΑΓΩ

北 京 出 版 集 团
北 京 出 版 社

目 录

年 表

克里特与迈锡尼文明

前20—前15世纪：克里特人称霸，米诺斯神话。与埃及和美索不达米亚有联系。重要城市：克诺索斯、法伊斯托斯、马利亚等。

前15—前12世纪：亚该亚人入侵改变了克里特文明。重要城市：迈锡尼、梯林斯、皮洛斯等。

前12—前9世纪：多利安人入侵，赶走了伯罗奔尼撒的亚该亚人，被视为"黑暗时代"的开端。

古风时代

约前750年：希腊字母诞生；黑海与地中海地区殖民开始；希腊各城邦奉行君主制。

前625—前507年：雅典大刀阔斧地实施了一系列改革政策，推翻僭主统治，实行民主制。重要人物：德拉古、梭伦与克里斯提尼。其他城邦也纷纷效仿。

希腊

古典时代

前490—前480年：希波战争：马拉松之战、温泉关战役、萨拉米斯海战；波斯人撤出希腊。

前447年：开始建造帕特农神庙，地点是雅典卫城；重要人物：伯里克利与菲狄亚斯。

前431—前404年：雅典与斯巴达的伯罗奔尼撒战争，以雅典被攻陷告终。

前399年：苏格拉底之死。

前338年：腓力二世统治下的马其顿开始称霸。

希腊化时代

前334—前323年：亚历山大大帝率军攻入亚洲，直抵印度。波斯帝国的统治权落入希腊人手中。

前332年：帝国被亚历山大大帝的继承者们瓜分。各国君主之间混战不断。

前146年：罗马人占领希腊，希腊文明走向终点。

前31年：最后一位希腊化君主——埃及法老，被罗马人征服。

前 言

　　每当说起古希腊、古罗马时代的文化艺术，首先浮现在我们脑海中的，便是坐落于古希腊卫城和市政广场深处的、矗立着雕塑与廊柱的高大建筑群。可我们似乎忘记了，立柱是来自东方世界的发明：棕榈柱式、莲花柱式……这些是美索不达米亚人与埃及人创造的精美造型艺术。之后的希腊人将此种建筑风格吸收进来，不断改善、雕琢，打破陈规，设计出更为和谐的比例，挖掘出这一风格的极致魅力。即便是在希腊艺术处于战争浩劫之时，其平衡端庄的形式仍令人惊叹，连安纳托利亚的农民都能辨认出巨人大战诸神的主题与其他英雄主题在造型艺术上的区别。

　　这种堪称经典的艺术形式具有独特的生命力。纵观全球，鲜有哪座大都市不在高楼大厦间立有几根多利安式或科林斯式的廊柱。美国华盛顿的公共建筑尤其吸收并表现了希腊艺术的魅力，被称为"希腊的复兴"（Greek Revival）。唯一的差异在于美国人没有采用其色调，这令人有些惊讶。人们也许会想，若是修筑这些建筑时完全遵循希腊的艺术形式，那么中央车站和美国国会大厦将是什么模样？

　　正因如此，没有其他任何一种人类艺术表现形式拥有如此悠久、丰富、令人赞叹的历史。这也是少有的随着人类规则与技术发展不断演变的艺术形式。埃及艺术在埃及之外的地区影响非常有限，而古希腊艺术则不同。它向殖民地输出、在罗马帝国流传，在接下来的时代里遍及世界各个角落。

　　从米诺斯文明的璀璨，到希腊化时代东方的优雅，直至最终被罗马征服（政治上），本书将古希腊文明的各个阶段娓娓道来，这便是西方文明之源。

雅典卫城

雅克·马丁

3

希腊——世界文明之源

"全体希腊儿女们，我们流淌着同源的血脉，说着相通的语言，心怀相同的神灵、神殿与祭祀仪式，拥有共同的生活习俗。"希罗多德《历史》（第八卷）有这样一段文字。希腊版图由多个部分组成：大陆本土、海上岛屿和小亚细亚，但希腊世界却自始至终只有一个，希腊文化与思想也只有一个，灿烂的希腊文明对我们今日社会的形成起到了不可磨灭的作用。

诗人荷马的头像

希腊社会最初的形成与发展依地势地形而就。连绵不绝的山岭占据了80%的土地面积，没有快捷便利的道路交通网络，土地被山岭割成小块，形成了一个个自治城邦。贫瘠的土壤与匮乏的农业资源使得这片土地上的人们不得不四处找寻他们所需的小麦、木柴……长长的海岸线被海浪冲刷得曲折蜿蜒，正是由于这随处可见的大海，希腊人民或成了水手，或成了旅行家，或成了商人，他们将希腊的文化传播到环地中海的各个地区。

希腊人之前的希腊——米诺斯文明

前3千纪[1]起，爱琴海地区先后出现了几种原始希腊文明，其中最引人注目的非米诺斯文明莫属。米诺斯文明发源于克里特岛，逐渐传至海上其他岛屿，持续了1500多年（前2700—前1200年）。米诺斯人擅长航海，这对整个爱琴海地区都产生了持久深刻的影响。鼎盛时期（前1700—前1400年）的米诺斯王朝贸易发达，乡村面积广阔，城市中心铺设道路，宫殿众多（如克诺索斯宫、法伊斯托斯宫、马利亚宫），此外还有一支声名远扬的海军舰队。爱琴文明带给希腊人航海术、葡萄种植术、橄榄种植术以及文字。希腊语与安纳托利亚高原的赫梯语同被认作是极古老的印欧语系语言，而由克里特人的线形文字A（直至今日学者们仍无法破解）演变而来的线形文字B（表音文字）恰能解码希腊语。

前2千纪，一场变故降临，大批中欧人移民至巴尔干半岛南部（直至前800年），征服原著居民（据考证，佩拉斯基人、勒勒吉人和卡里亚人等原著居民早在前3千纪时便生活于此）。亚该亚人（克里特岛自前1400年以来的主人）、爱奥尼亚人、伊奥利亚人和多利安人先后移民希腊大陆各地、爱琴海诸岛和小亚细亚西海岸。北方文明与地中海文明于此交融、汇聚，新的文明由此诞生，这就是迈锡尼文明。

独眼巨人之城

前1800—前1150年的时代以文明极为发达的迈锡尼（阿格利德）命名。该文明前承米诺斯文明，后继希腊城邦文明。它从根本上采用了分封制（君主统治）、官僚等级制，建立防护体系。堡垒与防御工程的

出现说明这一时代已经有了防御意识——米诺斯时代的城市是没有围墙的。此外还有大型防御建筑（据说由独眼巨人所建），其屋顶的倾斜度是北方建筑的两倍，屋顶上可能出现了最早的三角楣，装饰带有克里特风格。前1200年前后，多利安人的入侵使得迈锡尼文明日渐式微，特洛伊之战更是令它元气大伤。前2千纪末到前1千纪初（前1100—前750年）是一段充斥着混乱与纷争的"黑暗时代"，时至今日，我们对这一时代的了解仍然很少。近4个世纪的时间里，迈锡尼文明被毁灭、遗弃，迈锡尼人不得不四处迁徙。

渐渐地，社会共同体组织重新建立（《荷马史

　【1】千纪指1000年的时间跨度，比如1千纪指1—1000年，前1千纪指前1000—前1年。也有学者称"几千纪"为"第几千年纪"

诗》中的王国出现在前10—前9世纪），统治权由君主手中转到"出身良好的"贵族手中。前8世纪，城邦出现了。一座中心城市及其周围农村的土地构成一个城邦，这是古希腊政治体系的基本单位。在城邦中，国王被废黜，取而代之的是通过抽签任命的执政官、议事会和公民大会。彼时虽然各城邦分散分布，但具有共通性的希腊思想已开始在这些城邦间传播，其媒介就是希腊文字。希腊文以腓尼基文字为基础，形成于前8世纪初。

古风时代（前8—前6世纪）

前8—前6世纪，希腊出现大殖民的浪潮，一个个城邦由此诞生。前775—前675年，殖民城邦主要是农业类型的：前730年，库迈建城；前733年，叙拉古建城。此外还有意大利半岛和卡尔息狄斯半岛的城邦。前670—前550年，希腊建成了更多商业类型的殖民城邦，出现了贸易据点：西班牙、小亚细亚、拜占庭、马赛（前600年建城）。地中海仿佛成为被希腊揽入怀中的内湖，柏拉图后来曾说："如此众多的希腊殖民地，好似在池塘边围了一群青蛙。"这段殖民历史不仅刺激了贸易往来，促进了希腊经济发展，还将希腊的语言与文化传至四海。一座座新城拔地而起，极大地促进了建筑艺术的发展。随着建筑面积不断增加、规模扩大，希腊神庙形成了自己独特的风格：中间是呈长方形的中央大厅，两排柱子支撑着房顶，外部则有廊柱环绕。

这一时期，希腊大陆的城邦不断扩张，争先恐后地壮大自己，获得强权，争做最繁华的城市，表现出带有攻击性的国家主义。这是城邦自治体制的最大弱点——缺少一统精神，希腊正是由这样多个强大的中央集权国家拼接组合而成。在这一时期，荷马创作了《伊利亚特》和《奥德赛》，赫西俄德创作了《工作与时日》和《神谱》……这也是一个充满了社会危机与巨大变革的时代：大土地让位于小产业，导致民众贫穷化（仆从、奴隶数量不断增加）的同时，却又造就了一个新的阶层——新贵阶层。这个新生阶层操纵着政治，引起传统贵族阶层的不满。此后，以家族为基础的古代法律逐渐演变为基于个人对国家责任的立法（斯巴达的莱库古立法、雅典的德拉古立法）。希腊"七贤"之一梭伦进行一系列经济和法制改革，希望促进小产业主与中间阶层的发展。得益于梭伦的改革措施，城邦政治在前6世纪得到发展，实行这种改革的城邦都实行寡头制政体形式。而在多个实行僭主制（集权于一人）的希腊城邦与殖民地中，这些改革措施直到僭主政治结束后才真正得以实施。

令人感到惊讶的是，希腊的艺术与思想文化正是在僭主时代得到了蓬勃发展，尤其是雅典。前561—前510年，这座城邦先后由僭主庇西特拉图和他的儿子统治，这一家族最早在雅典发布政令进行大型工程建设：建造神庙、圣地、宝库、汲水井、引水渠，以及卫城上的新建筑与新的街区……这一时期的建筑形成了一套遵循各种比例原则的固定风格体系，如多利安式（希腊大陆）、爱奥尼亚式（东方诸岛）等。制陶术在雅典的阿提卡地区飞速发展，从黑像陶（前570年左右）演变为红像陶（前525年左右）；雕塑也变得更加生动活泼。前508—前507年，克里斯提尼带领希腊进入民主时代。他依据地域分布将雅典划分为10个部落，各部落代表组成五百人议事会，由议事会向公民大会提交法律和政令的动议，由公民大会最终定夺。

古风时代末期，因遭遇伊特鲁里亚人和迦太基人的抵制，希腊对外殖民浪潮基本结束。前499年，在希腊支持下，小亚细亚的一些爱奥尼亚城邦不愿服从波斯统治，发动起义，由此拉开了将近15年的希波战争的序幕。

特洛伊之战中，希腊人阿喀琉斯和尤利西斯与特洛伊人赫克托耳和埃涅阿斯较量的景象。下图中，前景为亚该亚人的营地，远处则是筑有防御工事的特洛伊城

从北侧柱廊观赏科林斯卫城的景象。科林斯是古希腊富庶的城邦之一，后被罗马人于前146年摧毁

希腊古典时代（前5—前4世纪）

前496年，米利都被毁，希腊城邦间战乱频发（尤其是雅典、斯巴达与阿戈斯间纠纷不断），波斯国王大流士乘机出兵希腊。但雅典人在马拉松战役（前490年）中给了波斯人一个狠狠的教训。此后10年（前490—前480年），为了防止波斯人再度来犯，雅典人一直在不断加强自己的军队力量，尤其是充实海军，建造了200艘三层桨战舰。希腊人集结所有兵力，终于通过前480年的萨拉米斯海战和前479年的普拉提亚战役，彻底扫除了波斯人的威胁，重新夺回爱琴海沿岸的城市。雅典人在希波战争中展现出了强大的实力，而斯巴达人，尽管有温泉关战役的英勇战绩，却并没有在第一时间参与到这场较量之中。雅典人抓住机遇，与除伯罗奔尼撒半岛的城邦（包括斯巴达）以外的所有城邦结盟，成立提洛同盟。雅典帝国初见端倪，这引发了斯巴达人不满，两方纷争不断，直到杰出的外交家伯里克利——克里斯提尼的侄孙——订立了一份三十年停战协定（前445年）。

伯里克利逝于前429年。虽然他的政治生涯并非一路平坦，但其统治下的20多年，却是希腊经贸、工业与艺术发展最为灿烂的时期，雅典成为希腊世界的经济、文化中心。正如修昔底德所说，雅典成为"全希腊的学校"。与此同时，雅典对同盟国无止境的剥削使得提洛同盟内部的嫌隙也越来越大。

前431年，伯罗奔尼撒战争爆发，这是雅典与拉西戴蒙人的贵族寡头制城邦（斯巴达）之间的正面交锋。第一阶段持续了8年（前421年签订了《尼西亚斯和约》），第二阶段则以雅典人于前404年投降而告终。元气大伤的雅典不得不屈服于斯巴达霸权之下，削减海军规模，拆除城防工程（包括连接比雷埃夫斯港与雅典城的城墙），任由希腊诸城邦的民主制度被斯巴达的寡头政治取而代之。然而斯巴达人也没能威风多久，因为面对如此庞大的帝国，他们也不知该如何统治，冲突再次爆发。前378年，在雅典的支持下，一个新的同盟再次建立起来，由底比斯人掌握领导权9年，前362年，终于达成了休战协议。至此，没有任何一个城邦有能力维持希腊诸城的团结、秩序与和平，甚至"城邦"的理念都褪色了。

这一时期的艺术发展十分缓慢，鲜有标志性建筑问世，但却不乏经典的文学作品。在色诺芬、伊索克拉底和柏拉图等人笔下，阿提卡散文开始绽放。尤其是柏拉图，正是他在雅典建立了学园。尽管帝国梦再次化为泡影，但雅典依旧是希腊世界文化与思想的中心。也正是在这一时期，希腊人迎来了马其顿国王腓力二世，

他将完成一个所有其他希腊城邦均未能实现的大业——统一希腊。

希腊化时代

虽然希腊人视马其顿为一方蛮夷，但马其顿国王腓力二世却是一位杰出的战略家。只用了短短数年，便攻下了几块希腊垂涎已久的土地——安菲波利斯、色雷斯、卡尔息狄斯等，并于前338年在喀罗尼亚（彼奥提亚）打败了希腊－底比斯联盟。腓力二世将希腊的所有城邦集结在以科林斯为中心的联盟中，自此，希腊不再有城邦，只有城市。

前336年，腓力二世遇刺身亡，他的儿子继承了父亲的事业，这便是日后的亚历山大大帝。亚历山大要横扫一切反抗力量，欲将世界希腊化，他不断发兵征讨，剑指他国，于前327年先后拿下了波斯、埃及、小亚细亚以及印度部分地区。前323年，就在亚历山大大帝准备再次远征阿拉伯时，他突然在巴比伦逝世。亚历山大的将领们瓜分了他的帝国，各自建立了自己的王国——埃及的托勒密王国、亚洲的塞琉古王国以及马其顿的安提柯王国。科林斯联盟分崩离析，整个希腊都处于马其顿的统治之下，失去了自由。

东方与西方

复杂、多样的希腊化文明不再是城邦文化，而是一种国家文化，希腊文明逐渐被湮没在广袤的土地之中。长距离贸易不断发展，商品与资金持续流动，然而希腊人口却不断减少，人民生活越发困苦。城市早已失去了昔日的规模，蜷缩成了一个既无陆军也无海军的小村落。大土地主再次出现，他们的居所极尽奢华，随之形成罗马式的别墅。希腊圣地日渐荒废，一座座新城在小亚细亚或叙利亚地区崛起。虽然建筑乏善可陈，但雕塑艺术盛行，有的充满生命力（萨莫色雷斯的胜利女神、米洛的维纳斯），有的富有表现力（斯科帕斯），有的表达出内心情感（普拉克西特列斯）。前3世纪，虽然雅典的柏拉图学园和吕克昂学园享有极高声誉，但若论起真正的希腊大城市，非亚历山大里亚和安条克莫属。

被马其顿统治的希腊人进行着不懈的斗争（前270—前260年，他们发起了多次战争），虽然大多数战役都以失败告终，但他们依然坚守着联邦与共和的信念，发展同盟关系（埃托利亚同盟、亚该亚联盟），将伯罗奔尼撒半岛从马其顿国王安提柯手中夺了回来（前241年）。战后，斯巴达人却想称霸伯罗奔尼撒半岛。安提柯看准了希腊各地的分歧与不和，乘虚而入，重新树立起马其顿霸权。再后来，一位新主角登上了希腊历史的舞台——罗马。罗马用了50年的时间，通过结盟、反结盟等手段，凭借强硬的军事手腕占据了整个地中海地区。罗马欲以希腊为"城墙"，抵挡来自马其顿或埃及、塞琉古等东方国家的潜在威胁，将大批军队派往马其顿及希腊作战，促使每个城市与自己结盟。在马其顿国王订立和平协定之后，前196年，罗马宣布希腊恢复自由，包括欧洲的希腊全境。但混乱不定的希腊政局仍未得到控制，希腊各国对罗马人的介入始终心怀不满，他们渴望拥有永久的自主权……

前168年，在彻底摧毁马其顿帝国后，罗马将东方（罗得岛、帕加马、塞琉古等地）与希腊（伊庇鲁斯地区）死死钳住。前146年，马其顿人的反叛被镇压，同年，反罗马运动以科林斯城被攻陷而告终。马其顿成为罗马的一个行省，罗马派总督统治。在此后一个多世纪的时间里，希腊都处于罗马的统治之下。

前2世纪，希腊对世界的影响越来越小，过去殖民地（埃及）的众多希腊化城市中心消失，希腊大陆上的城市人口大批消减，政治影响力也逐渐弱化。思想领域的发展更是少得可怜——没有伟大的创造者，也没有伟大的创造。不过，在前1世纪的罗马治世[1]时期，希腊文明迎来了一场艺术与哲学复兴，即日后普世主义的萌芽："追求生活质量、向往人类平等、推崇才智。"一言以蔽之，即希腊精神。

罗得岛港口。河岸尽头是太阳神赫利俄斯的著名铜像

【1】罗马治世（Pax Romana），又称罗马和平，是指罗马帝国存在的500多年间，前200年比较兴盛的时期，也就是从屋大维统一罗马至马尔库斯·奥列里乌斯过世（180年），长达200年左右的时间，罗马大致富强稳定，没有较大的战乱，史称"罗马治世"。

雅典

雅典位于阿提卡平原的心脏地带，周围的帕尔奈斯山、潘特里科斯山、伊梅特山等多座山脉自然界定了城市的界限。同罗马一样，雅典也是一座建在7座山丘上的城市——普尼克斯山、卫城山、吕卡维多斯山……传说中，是雅典国王忒修斯——杀死半人半牛的怪物米诺陶的英雄，建立了雅典城邦。前5世纪，雅典城邦总面积达2600平方千米，相当于今天卢森堡的国土面积，拥有近10万居民，一个世纪后，其居民数量增长至30万。

帕特农神庙

人们于雅典大规模定居的最早时间可追溯至迈锡尼时期（前1250年），但早在新石器时代，此地已有人类活动的痕迹。前800年，通过村落联合统一的方式，雅典城邦形成——这也是希腊城邦建立的最普遍形式。雅典发源于卫城东北部，卫城兼具防御职能（建有城墙的堡垒以及带有中央大厅的宫殿）和文化职能（神庙）。后来，雅典向卫城的西北方向继续发展。

古风时期的雅典城布局非常零散。城中人口密集且不断增长，富人、穷人和外邦人可能都居住在同一街区。不同的街区依照职业自然划分：陶艺街两侧，陶瓷作坊与商店应有尽有；雕塑街上，三足鼎比比皆是；一些空地、菜地、橄榄园和墓地穿插在街区与街区之间。城中街道蜿蜒狭窄，路面坑洼不平。

前480年，大流士率军攻陷雅典，城市化为一片焦土瓦砾。雅典人不得不重建家园。房屋是用晒干的泥砖在石基上搭建起来的，规模小，不甚舒服；房屋结构简单——庭院、柱廊与男性房间在底层，女性房间则都在楼上；屋顶使用陶土制成的瓦片来搭建（从前7世纪起）。

虽然从前6世纪起，雅典城邦已点缀有高大的大理石建筑，但直到罗马时代，它依然保持着中等适度的城市规模。

从神殿前的柱廊观赏帕特农神庙的景象

雅典长城与比雷埃夫斯港

雅典人很早就开始思考如何保障城市通往大海的通道安全，因为这是城市供给的生命线（尤其在战争时期）。第一位设计防御方案的是僭主庇西特拉图。前6世纪，他下令在雅典城周围修建城墙。前493年，地米斯托克利继续修建并加固这道城墙（总面积达215万平方米），他还决定建设位于海滨地带的比雷埃夫斯港（距离当时的雅典城10千米）——在港口处形成3个半岛，此外还设有兵工厂和仓库。

前451年，这座新城的建设进入第二阶段，以网格状进行规划。比雷埃夫斯人口密集，手工业、商业资源丰富，逐渐成为雅典的经济活动中心。

伯里克利继承并贯彻执行了地米斯托克利（于前471年被陶片放逐[1]）的计划，一道长城（前461—

【1】陶片放逐法是古希腊雅典等城邦实施的一项政治制度，雅典公民可以在陶片上写上那些不受欢迎以及极具社会威望、广受欢迎、最可能成为僭主的人的名字，并通过投票表决将企图威胁雅典民主制度的政治人物予以政治放逐。

前456年）将雅典与比雷埃夫斯紧紧连在一起。长城实际上是一段筑有工事的双层墙体走廊，宽160米，总长度近7千米，它有效地避免了雅典与海上及其海军舰队被切断联系的威胁。在西侧还有一条长约6千米的长城，连接雅典城墙与海岸，其名取自古代船只下水的锚地法勒隆（Phalère）。几个世纪间，雅典长城多次被拆除、重建，最终于前86年被苏拉下令拆除。今天，雅典长城早已荡然无存，但雅典和比雷埃夫斯港之间的一段露天城铁线路始终沿着这条古老的防御道路运行。

市政广场

所有的希腊城市都有市政广场。同著名的古罗马广场一样，市政广场是城市的心脏，是宗教、政治、经济中心，人们于此交流思想，举行节日庆典及宗教活动。雅典早期的集市广场位于雅典卫城东部及普尼克斯山丘地区（雅典公民大会正是在普尼克斯山上举行）。希波战争（前491—前479年）摧毁了这个广场，后在客蒙与伯里克利的推动下，人们以更加隆重、奢华的形式重建市政广场，在此修建了多座公共建筑，如托洛斯（Tholos，圆形柱廊建筑，议事会主席团集会之所）、议事厅（议事会召开之地）、公民法庭、神庙、祭坛、英雄雕像、市场、商店、作坊、柱廊……

雅典卫城

雅典卫城建于海拔156米的山丘之上，是雅典城的发源地。自迈锡尼时期起，人们便用巨石在卫城外围堆砌城墙；到了前7世纪，一栋栋高大雄伟的建筑拔地而起。

前6世纪，庇西特拉图对卫城极为重视，于此修建了自己的宫殿以及其他一些建筑，其中包括百尺神庙（Hekatompedon，约前570—前566

年）。该神庙建于迈锡尼宫殿遗址之上，长达百英尺（合30多米）。波斯军队掠城后，雅典城遍地瓦砾。客蒙扩张了雅典卫城的规模，并利用这些瓦砾修建了卫城东部和南部的城墙。可以说，兴盛繁荣的雅典城邦是客蒙与之后的伯里克利（前5世纪）的"艺术杰作"。

伯里克利为修缮卫城制订了宏伟的、耗资巨大的项目计划，他希望颂扬雅典的制度，促进城邦繁荣发展。于是，雅典卫城很快成为诸位神祇，尤其是城邦守护神雅典娜的家园。前447—前438年，古希腊著名雕刻家菲狄亚斯设计建造了帕特农神庙。迈入高大的卫城山门，屹立在石基上的帕特农神庙便映入眼帘。整个神庙宽30.88米，长69.503米，是一座多利安式建筑，正面有8根柱子，侧面有17根；2块三角楣饰，92块柱间壁，颜色鲜亮；柱廊大厅内壁上方环绕一条长达160米的爱奥尼亚式浮雕带，描绘泛雅典人节（古代雅典人祭祀城邦女神雅典娜的盛大节日）上游行欢庆的场景，令人惊叹。

雅典卫城的其他著名建筑还有很多：供奉圣蛇的厄瑞克忒翁神庙，因神庙中代替石柱的少女像柱而闻名；雅典娜·尼克（胜利女神）神庙是卡里克拉特斯的杰出作品；在雅典卫城的山坡上，狄俄尼索斯剧场里曾经上演过无数场埃斯库罗斯和索福克勒斯等著名剧作家的作品；此外，剧场不远处还有一个4000平方米的音乐厅（Odéon），也作聚会之用。

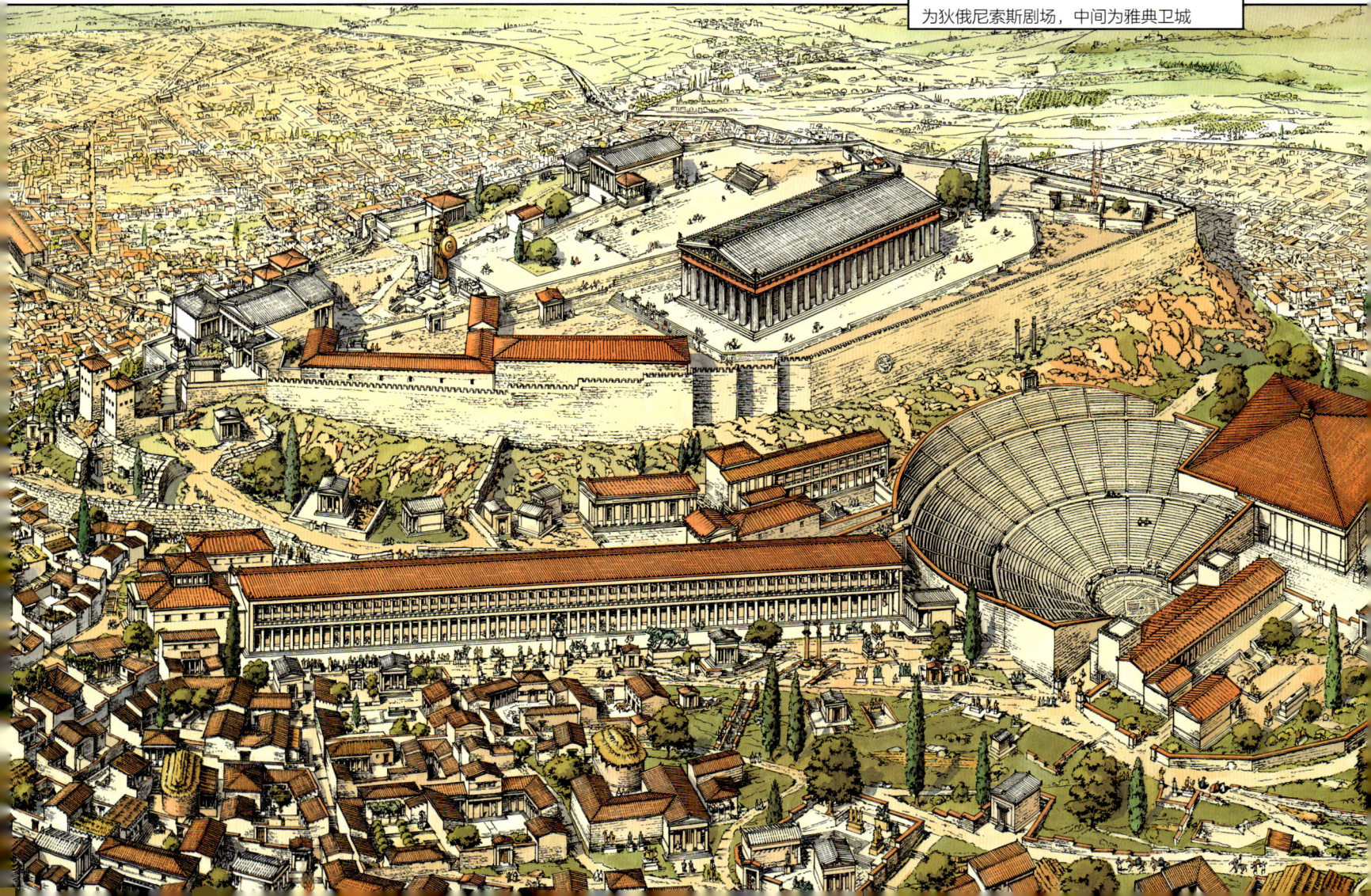

雅典城全景。前景为欧迈尼斯柱廊，右侧为狄俄尼索斯剧场，中间为雅典卫城

奥林匹亚

393年，拜占庭信奉基督教的皇帝狄奥多西二世下令禁止召开奥林匹克运动会。1896年，痴迷于古代体育精神的皮埃尔·顾拜旦重新召开奥林匹克运动会。

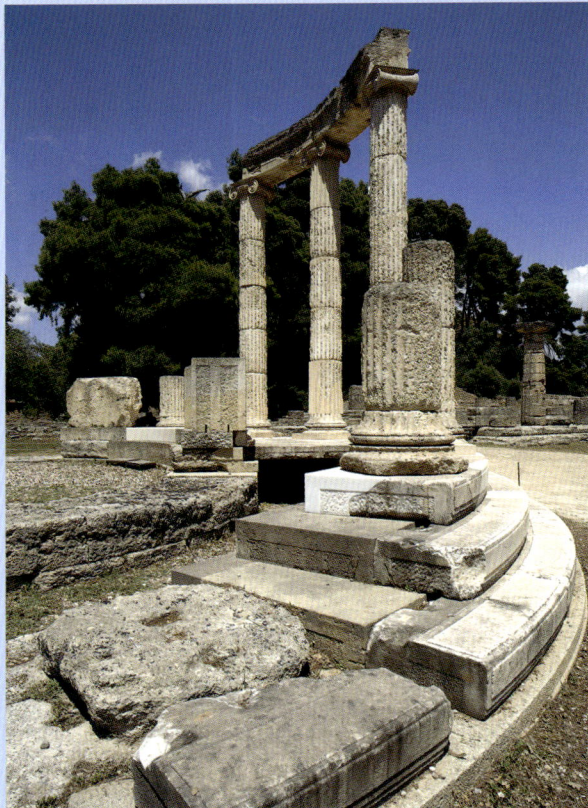

腓力圆形神庙（Philippeion）

考虑到7月酷热难耐，1896年的奥运会于4月在古雅典体育场召开。为此，人们还专门修缮了古雅典体育场。前776年以来，每逢此时，希腊各城邦都会休战，并将自己的运动员送往奥林匹亚。奥林匹亚位于伯罗奔尼撒半岛西北部，阿尔菲奥斯河与科拉德奥斯河的交汇处，被认为是希腊古老的圣地之一。奥林匹亚最初供奉的是国王珀罗普斯，后来成为向众神之首宙斯献祭之处。对神祇的祭拜仪式通常附有体育竞技项目，逐渐成为全体希腊人的惯例仪式。祭祀仪式每4年1次，每次5日，这甚至成为希腊人纪年的基础，其重要性可见一斑。运动会最初只有几项起源于军事活动的竞赛，到希腊古典时代已形成了18个项目，包括不同距离的竞跑、身着盔甲竞跑、掷铁饼、掷标枪、摔跤、拳击和角力相结合的竞技比赛、跳远以及多种形式的马术竞赛等。

体育场最初建于宙斯神庙附近。随着前来观看的民众日益增多，前4—前3世纪，又另外选址修建了一座体育场。体育场的入口是"隐藏式"的，须走过一条拱形通道才能到达。体育场可容纳4.5万名观众。直至今

日，我们还可以看到那时观众就座的被绿草覆盖的斜坡。除来自附近伊利斯城的得墨忒尔女祭司外，只有男性才能观看比赛。的确，曾经有好几位女性企图打破这一禁规，但面对会被处死的刑罚，更多女性始终不敢越雷池一步。其中只有一位女性逃脱了死刑，她的名字叫

阿尔提斯[1]全景，前景为宙斯神庙

卡里帕提拉。守卫发现了她，但考虑到她的父亲、丈夫和儿子都是运动会冠军，法官们觉得她的好奇心是可以理解的！

　　宙斯神庙也是奥林匹亚的著名建筑，可能建于前460—前450年，由来自伊利斯的建筑师利邦操刀，几乎可与几年后在雅典建造的帕特农神庙相媲美。宙斯神庙内有一座巨大的宙斯雕像（古代世界七大奇迹之一），那是菲狄亚斯的作品。后来，菲狄亚斯还主持了由伯里克利倡导

宝库和母神庙（Metroon）的景象。左侧是拱形门（kryptē）后的走廊、回音女神厄科柱廊（Echo stoa）以及宙斯圣所的入口

[1]阿尔提斯即奥林匹亚用于宗教用途的神圣区域。

11

宙斯神庙的内部景象

建造的卫城项目。

170年前后，希腊地理学家与旅行家保萨尼亚斯曾对这座宙斯雕像进行细致的描述：雕像以黄金与象牙装饰，雄伟高大，给观者的视觉感官带来极大震撼。人们难以相信这尊雕塑的高度只有12～14米。393年，这尊雕像被狄奥多西二世掠至君士坦丁堡，后于475年在一场火灾中被毁。

献给宙斯之妻赫拉的赫拉神庙始建于前7世纪。赫拉神庙有一点独特之处：在保萨尼亚斯到达神庙之时，神庙内仍保留着一根木制圆柱。这一珍贵细节说明，古希腊神庙初建时均使用的是砖与木，随着建筑的老化损毁，人们再用石块加以修补。

阿尔提斯北侧有一处地势较高的平台。在那里，人们可以看到约15个"宝库"的遗址废墟，那是希腊各个城邦为祭献宙斯而修建的小型建筑。赫拉神庙旁还

菲狄亚斯的工作间。雕塑家正是在这里用黄金与象牙完成宙斯的雕像，创造出古代世界七大奇迹之一。5世纪时，人们在此基础上修建了一座拜占庭教堂

古希腊格斗场，运动员的训练馆

有一座建筑——由亚历山大大帝的父亲马其顿国王腓力二世主持修建的腓力圆形神庙，令人不禁联想到这个好战家族的伟大功绩。

赛马场（已被阿尔菲奥斯河淹没）、格斗场和体育馆使得奥林匹亚的体育设施更加完整。奥林匹克运动会召开前的一个月里，参赛运动员必须来到这里，在裁判的犀利目光下进行训练。

从腓力圆形神庙欣赏宙斯神庙的场景。位于两座建筑之间的是纪念珀罗普斯的祭坛

体育场入口，以及运动员入场时通过的通道

德尔斐[1]

前13世纪的迈锡尼时代，人们已经开始在这片高地崇拜大地女神盖亚。巨蟒皮同是盖亚的儿子，他守护着母亲的神示所。

那时，这个地方还叫作"皮托"。悲剧作家埃斯库罗斯在作品中提到这片大地具有先知预言的能力。神示所坐落在一处天然的岩石裂缝上方，岩石裂缝会喷出令人沉醉的气体，源源不断地流出泉水，就像卡斯塔利亚泉一样。这是由于大地深处密集的地质活动，后来人们因此将这一地区更名为德尔斐。

在此期间，神示所换了主人。血气方刚的阿波罗从提洛岛来到德尔斐，杀死了巨蟒皮同，占据了他的地盘。皮同的尸身被扔进岩石裂缝，却使得喷出的气体越发强劲。为了纪念这条巨蟒，人们将负责传递神谕的女祭司称为"庇提亚"，视其为盖亚的新化身。

此时，一块陨石恰巧从天而落，被当时的人们视为圣石（闪米特语中意为"神祇的居所"或"来自上帝"），人们相信这是宙斯的慷慨与善意。据传，为了确认世界的中心，众神之父宙斯曾在世界的边缘放飞两只金鹰，两只金鹰在德尔斐上空会合。因此，这块来自上天的圣石坠落之处，便成为世界的"肚脐"。

一直以来，德尔斐人都生活在干旱崎岖的土地上。自前7世纪起，面对这些来自上天的预兆，再加上德尔斐就在缪斯等神祇的灵地——帕纳塞斯山的山麓，他们很快就意识到如何从中获利。庇提亚，一位40多岁的女人，号称收到阿波罗的启示，给予富有的问询者一些建议或回答，语言精练，含糊其词。例如前480年，希波战争再起之时，雅典城受到威胁，雅典人来到此地，向庇提亚求取神谕。

雅典人的宝库，部分修建资金来自马拉松战役（前490年）的战利品。建筑有多块柱间壁浮雕，讲述了忒修斯与赫拉克勒斯的传奇功绩

照片中即为剧场与阿波罗神庙

　【1】在希腊神话中，德尔斐是世界的中心。

雅典娜圣域

阿波罗神庙全景。右侧是高大的阿波罗神雕塑以及祭坛，左侧是雅典人廊柱以及埃托利亚廊柱

图中所示为阿波罗神庙内部的景象，从左至右依次是：波塞冬雕塑、两位摩伊赖女神雕塑、阿波罗雕塑及宙斯雕塑

庇提亚人数也要增加。最多时，德尔斐曾拥有3位庇提亚。

在德尔斐附近有一个三岔路口，那正是俄狄浦斯与他的父亲拉伊俄斯发生争执后杀死父亲的地方。悲剧作家索福克勒斯在作品《俄狄浦斯王》中，细致描写了这片通往底比斯和里瓦迪亚的道路下方的隐蔽晦暗的区域。保萨尼亚斯于170年前后著成《希腊纪行》。他在书中提到了拉伊俄斯及其仆人位于中心路口的墓，并写道："从岔路口到德尔斐，这条路艰难崎岖，令人头痛，即使对一个身体强健的人也绝非易事。"这是来自行家的讲述。为了寻找拉伊俄斯的坟墓，人们曾开展过多次考古发掘工作，但都一无所获。

丰富的古物与雕塑为德尔斐招致劫难。60年，尼禄将德尔斐洗劫一空；4世纪时，信奉基督教的罗马皇帝康斯坦丁和狄奥多西也曾先后来此抢掠。此后很长一段时间，德尔斐被历史尘封了，也被人们遗忘了。直至1892年，考古人员发现了德尔斐遗址废墟，德尔斐才再次出现在人们的视野之中。

庇提亚回答道，"木墙"会让雅典"坚不可摧"。得到神谕后摸不着头脑的雅典人回到家乡，很快出现两派意见：一派从字面意思理解神谕，着手在卫城周围竖起一道木栅栏；另一派则在对神谕进行一番研究之后，开始建造战舰。此时，军队的领导人物是地米斯托克利。后来的故事人们都知道了：地米斯托克利带领希腊海军迎战薛西斯一世的舰队，在萨拉米斯海战中取得了辉煌战绩。

每当某个决策会对一个家族、一座村镇甚至一座城市的未来产生影响时，人们都会来德尔斐求取神谕。一些非希腊地区的国王、将军也会来此，如吕底亚国王巨吉斯和克洛索斯就曾造访。德尔斐神谕的影响力越来越大，为了满足问询者的需求，不仅问询期需要延长，所需的

庇提亚问询厅的景象。男祭司在问询者面前记录下神谕

通往阿波罗神庙的圣道全景

科林斯

古科林斯城坐落在科林斯卫城脚下，西面为科林斯湾，东面为萨罗尼科斯湾。得益于优越的地理条件，它在古风时代亦被称作"埃费拉"，意为"观察之所"。

埃费拉，即后来的科林斯，先后经历了巴基阿德斯与基普赛里德斯两大权势家族的统治。其间，科林斯人在西西里岛和科孚岛建立殖民地，随后扩展至距离雅典城邦不远的墨伽拉和埃皮达鲁斯。前585年，基普赛里德斯家族最著名的僭主佩里安德罗斯举办地峡赛会，以祭祀波塞冬。地峡赛会在春季举办，每两年一次，地峡南北的所有希腊人都来参加。

因阿波罗神庙而闻名的科林斯俗称"奥尔比亚"或"希腊之星"。前7世纪，为了沟通两大海湾，科林斯人架设了一条通道，人们以拉纤的方式，将货物从地峡的一侧拖曳到另一侧。这条被称作"迪欧克斯"的通道为科林斯带来的税收相当可观。在前490年和前480年两次希波战争期间，科林斯人在地峡上修起一道墙垣，以守护伯罗奔尼撒半岛不受入侵。

前5世纪末，科林斯在伯罗奔尼撒战争中站在了斯巴达人一边，与雅典为敌，但其影响力逐渐减弱。

一段时间的衰败之后，科林斯接受了马其顿人的统

阿波罗神庙

治，一度恢复了原有的繁荣景象。前196年，科林斯成为反马其顿亚该亚联盟的核心力量，一栋栋新建筑在科林斯市政广场上拔地而起。

罗马军队最初剑指马其顿，之后指向科林斯。前146年，罗马将军卢基乌斯·穆米乌斯围攻科林斯，最终摧毁了这座奢靡之城。

就这样，科林斯城被劫掠一空，艺术品被运往罗马。

在接下来的一个世纪里，科林斯城被废弃。直至尤利乌斯·恺撒感慨

科林斯全景。最远处是科林斯卫城，中间是市政广场，左下方是佩瑞涅泉，右侧是阿波罗神庙和拉卡伊庙的道路

这座城市的命运，于前44年遭暗杀前夕在此设立了罗马殖民地。又一个百年过去，当使徒保罗在宣教途中到达科林斯时（51年或52年），他看到城市大部分已得到重建，一片繁荣景象。

保萨尼亚斯于160年来到科林斯，并记录下自己的见闻：除了佩瑞涅泉，城中其他建筑都是新建的。

在科林斯人看来，这汪泉水中融入了一位母亲的眼泪——她的儿子肯

市政广场北部的景象。后景是阿波罗神庙，右侧柱廊之下便是佩瑞涅泉

佩瑞涅泉内部景象

科利亚斯被阿波罗的姐姐阿耳忒弥斯杀害。保萨尼亚斯到访科林斯几年之后，雅典人赫罗德·阿提库斯为悼念亡妻瑞吉拉，斥巨资将这汪泉水重新改造。这位希腊贵族还曾修建了雅典的赫罗德·阿提库斯剧场和奥林匹亚的仙女祠。

科林斯集中了希腊地区罗马建筑的精华，罗马皇帝经常来访。但它的奢华和商业地位也频频引来外邦人的侵略，最有名的就是赫鲁利人和西哥特人，这座城市由此渐渐失去光彩……5—6世纪，一系列地震将科林斯全部摧毁。

科林斯是一处神秘之所。传说正是在这里，希腊英雄柏勒洛丰驯服了长有双翼的天马珀伽索斯；也是在这里，风神埃俄罗斯的儿子西西弗斯被宙斯判罚，每日都要将大石推上陡峭的高山，而石块每每快到山顶时就会从他手中滑脱，他便要重新来过；还是在这里，女巫美狄亚在被丈夫伊阿宋抛弃后，掐死了他们的孩子，然后便乘着龙车消失在天际；仍是在这里，年轻的亚历山大大帝见到了犬儒派哲学家第欧根尼，当亚历山大问他有什么需要时，第欧根尼答道："我希望你不要挡住我的阳光！"

拜占庭和土耳其统治时期，科林斯只有卫城上有人居住。直到1928年的一场地震后，人们才重建科林斯。

佩瑞涅泉，1世纪时由希罗德·阿提库斯建造

厄琉息斯

厄琉息斯是位于雅典以东约20千米处的一座城市。雅典青年正是在这里参加祭礼，完成从少年到成年的重要仪式。雅典与厄琉息斯由一条圣道相连，这更印证了两座城之间的紧密关系。

山门的三角楣

直至今日，人们也不知道厄琉息斯仪式的内容究竟是什么，因为泄露仪式内容的行为是被明文禁止的，违者将被处以刑罚，甚至死刑。苏格拉底之友、雅典著名将军阿尔西比亚德斯是指挥西西里远征的将领之一。因曾在家中主持了一段戏谑厄琉息斯仪式的表演，在远征期间，他遭雅典当局传唤，要其对自己的行为做出解释，并要判他死刑。阿尔西比亚德斯心怀恐惧，决定逃往斯巴达，投身昔日母国的劲敌。就连胆识过人的生活在2世纪的旅行家保萨尼亚斯，在谈及"用文字记录下圣所内的景象"时，也会胆战心惊，找借口道："向那些外人展示本不允许他们看到的东西，这没有丝毫必要。"就这样，这一秘密一直不为后人所知。

我们大概可以推测，仪式很可能涉及人类命运和自然现象之间的关联、人类的繁衍与土地丰产之间的关联，或为人类指明获得幸福的道路。前7世纪，一位佚名作者创作了一首讲述大地女神故事的长诗《得墨忒尔颂诗》（L'Hymne à Déméter），诗中写道："生活

在大地上的凡人们若能见得这一时刻，该是何其幸福！而那些不知此事或是不得参与其中之人，他们将如置身死神殿堂般凄冷悲惨。"

有关得墨忒尔的故事是这样的：大地之母得墨忒尔（拉丁文名为塞瑞斯）的女儿科瑞（又名珀耳塞福涅）被宙斯的兄弟、掌管地府的冥王哈迪斯（又名普鲁同）绑走。痛不欲生的得墨忒尔遍寻天上人间，却始终不见爱女的踪影。

连续寻找了9日后，她终于从太阳神赫利俄斯那里得知，这次绑架得到了宙斯的默许。宙斯的背叛令得墨忒尔极其愤怒，她离开众神之所，化身一位老妇继续寻女之路。后来，精疲力竭的她在厄琉息斯城门前停住了脚步。

厄琉息斯国王刻琉斯的女儿们见这位陌生妇人沮丧疲惫，还戴着治丧的薄纱，便上前询问。得墨忒尔回答自己是克里特岛人，被海盗绑架后逃到了这里。"厄琉息斯"在希腊语中有"到达"之意，人们推断其中必有关联。

泰勒斯台里昂神庙二层的景象，可以看到得墨忒尔与特里普托勒摩斯的雕像

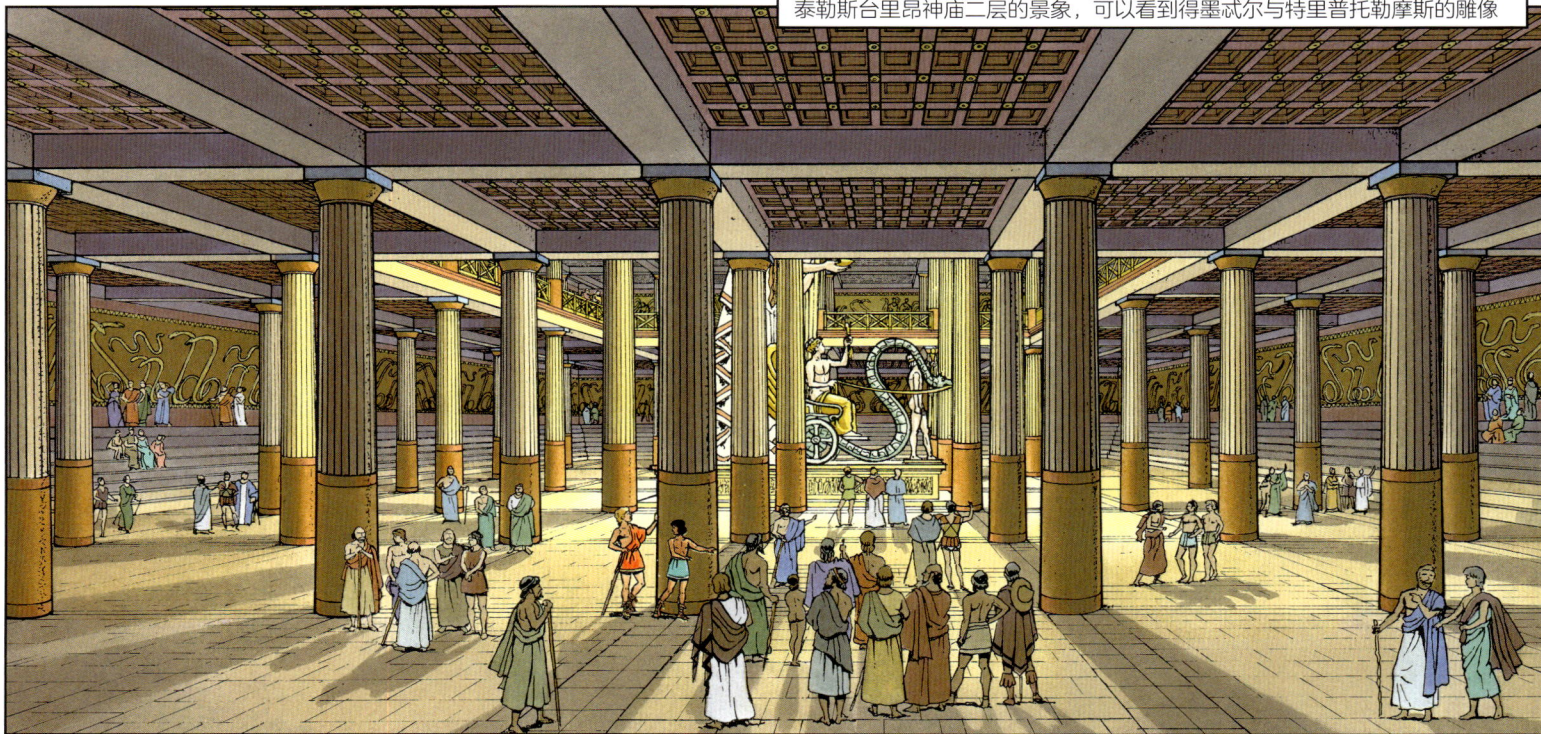

泰勒斯台里昂神庙中心处的景象：得墨忒尔手持法器，特里普托勒摩斯端坐在马车中，他们二人正在传授农耕术

耕之术。

这便是厄琉息斯仪式的来源。如同得墨忒尔的寻女之路，仪式持续9日，首先在雅典进行，然后来到厄琉息斯。厄琉息斯的泰勒斯台里昂神庙可容纳3000人，当火把燃起，整个大厅被照亮，场面何其壮观！待到仪式结束前夜，人们就能看到冥界中到处游走的灵魂，看到地狱的地形地势。如此，参加仪式之人便能挫败所有陷阱阴谋，最终进入至福乐土[1]——希腊神话中的天堂，草原与丛林都在遗忘河[2]的浇灌下欣欣向荣。

善良的刻琉斯与家人款待了得墨忒尔，得墨忒尔最终表明了自己的真实身份，但心情依然低落沮丧。最后，赫尔墨斯出手干预，劝说哈迪斯让科瑞暂时返回人间一段时间，安抚她那悲恸欲绝的母亲。见到女儿的得墨忒尔喜悦至极，她令厄琉息斯的土地立时变得肥沃富饶，并将一根麦穗交到刻琉斯之子特里普托勒摩斯手上，母女传授特里普托勒摩斯农

【1】至福乐土，最初为众神的宅邸与圣所，在那里，英雄与道德高尚者可以享驻永恒。随着时间的嬗递，经由众神提选的公义、道德、英雄之人均能在死后进入至福乐土，保有幸福快乐的生活
【2】遗忘河，希腊神话中的河流，为冥界的五条河之一，亡者到了冥界会被要求喝下遗忘河的河水，以忘却尘世间的事。

泰勒斯台里昂神庙一层的景象，菲隆柱廊（Portique de Philon）

泰勒斯台里昂神庙外部景象。菲隆柱廊的出现使得这座神庙与位于阿格里真托的神殿之谷、狄迪姆的阿波罗神殿和以弗所的阿耳忒弥斯神庙（古代世界七大奇迹之一）、塞林诺斯的神庙群有些相似

埃皮达鲁斯

阿斯克勒庇俄斯（拉丁名为阿斯库拉庇乌斯），埃皮达鲁斯地区之主，他是天神与凡人的儿子，最初，他不过是一介英雄——前5世纪初的品达如此形容阿斯克勒庇俄斯。阿斯克勒庇俄斯的母亲是国王费烈基斯的女儿科洛尼斯。科洛尼斯被太阳神阿波罗诱惑，怀上他的孩子后却又移情别恋。阿波罗的姐姐阿耳忒弥斯见自己的弟弟被如此愚弄，不禁大怒，遂用箭将科洛尼斯射杀。

阿斯克勒庇俄斯神庙

当人们将科洛尼斯的遗骸放在木柴堆上，准备点火时，阿波罗突然想起了他们的孩子，便将孩子从火中救出，起名为阿斯克勒庇俄斯，并托付给了人马喀戎。喀戎是位贤明的导师，他曾将希腊英雄阿喀琉斯抚育成人。喀戎向阿斯克勒庇俄斯传授了所有有关动物、植物、药水、药膏和巫术方面的知识。德尔斐的庇提亚断言阿斯克勒庇俄斯是"为了所有凡人之欢喜而生"。

自前6世纪起，人们开始前来埃皮达鲁斯恳求阿斯克勒庇俄斯和阿波罗治愈他们的病痛。但直到两个世纪之后，这一圣所才真正名满天下。医学之父希波克拉底也曾前来学习阿斯克勒庇俄斯的祭司的药方与治病手法。根据一些保存下来的铭文和游客、医者的记录，当时的治病方法主要有两种：一种是病人在梦中与阿斯克勒庇俄斯相见，后者在刹那间将病治好，或是告诉他该如何去做；另一种则是祭司为病患制定一套详尽的疗法。一位病人若是来到埃皮达鲁斯求医，他必须先进行多次祭祀，行净身礼，然后才会被准许进入"阿巴顿圣廊"（教外人士不得入内）。一种没有攻击性的当地小蛇也经常会参与到治疗中：当时的

圣所东侧景象：圆形神庙和阿斯克勒庇俄斯神庙。阿斯克勒庇俄斯神庙约建于前380年，神庙中的装饰令保萨尼亚斯赞不绝口

人们认为这些蛇生于大地母亲的脏腑之中，是阿斯克勒庇俄斯的信使。正因为此，阿斯克勒庇俄斯之杖（译者注：又称蛇杖）——一条蛇缠绕在木棒上，上方还有一面"审慎之镜"，成为医学的标志。

罗马时代精力充沛的旅行家保萨尼亚斯在参观建于前380年的阿斯克勒庇俄斯神庙后，写道："神端坐在宝座之上，一手持神杖，一手抚摩着一条蛇的头部，一条狗趴在他的身侧。"狗作为圣畜在此出现可是一件不得了的事，因为除了狩猎，古希腊人几乎不会想到狗。而蛇的魔力与益处则在很多铭文中都有提及，例如一个叫忒耳珊得罗斯的病人本人的记录。这位病人在柱廊里躺了好几夜，病情始终没有好转，便决定返回家乡。他没有注意到，阿斯克勒庇俄斯的一条蛇爬上了他的马车车轴。当他下车落地的一刹那，蛇碰了他一下，他的病竟立时痊愈。

反过来，阿斯克勒庇俄斯却因惹怒天神而遭遇厄运。阿斯克勒庇俄斯将自己的医学知识悉数用于造福凡人，结果招致一些神力强大的天神的嫉妒，其中就有冥王哈迪斯，他觉得凡人有可能因阿斯克勒庇俄斯而获得"不朽"，这令他倍感威胁。主神宙斯亲眼见到阿斯克勒庇俄斯治愈了一个眼盲者，而这是神降下的疾病。有传说称，震怒之下的宙斯用雷劈死了鲁莽的阿斯克勒庇俄斯，并送他升上天空，化为星宿。此后，埃皮达鲁斯每三年举办一次盛大节日庆典。无论是进行体育运动还是戏剧表演，其本源都是为了宗教信仰，肉体、精神与灵魂都在此得到激发和锻炼。埃皮达鲁斯大剧场于前350年前后建造，设计师波留克列特斯同时还是埃皮达鲁斯遗址中那座托洛斯的设计者。时至今日，埃皮达鲁斯大剧场仍然是游客们向往的景点之一。

阿巴顿柱廊

圆形神庙的穹顶剖视图，神庙内墙的壁画从左向右，讲述阿斯克勒庇俄斯的故事

斯巴达

斯巴达是拉科尼亚的首府，雅典城邦强劲的敌手。其城邦面积达5200平方千米。大概在前900—前850年，4个村落聚合统一在一起，斯巴达由此诞生。前7世纪，斯巴达迎来了政治、经济及艺术领域的全面发展，可与其他希腊城邦相媲美。

斯巴达剧场遗址

前7—前6世纪，斯巴达创造出一种特别的寡头制政治体制，这种体制混合了王制与民主制的形式，传说其缔造者是立法者吕库古。直至希腊化时代，斯巴达一直保持着这种政治体制。两位来自不同家族的国王共掌军权，监察官执掌监察之权，长老议事会（由28个成员组成的贵族议事会）有审议决议权，此外还有公民大会。斯巴达的社会阶层分为三等：公民（人数最少，均为军人）、庇里阿西人（居住在斯巴达周围村落中，从事农业、商业等）和希洛人（城邦的农奴）。这种等级划分十分严苛，但也正因如此，斯巴达军队

在长达几个世纪的时间里始终是全希腊最优秀、最专业的军队。

然而，斯巴达公民既不耕田、不经商，也不从事艺术活动，且公民人数不断减少。斯巴达人将自己封闭在简约素朴的生活方式之中，他们不了解雅典人在精神和艺术层面的进步，斯巴达与希腊世界的其他角落、与文明始终保持着一定的距离。这也解释了为什么我们今日难以见识到斯巴达的辉煌。

温泉关战役中的列奥尼达一世

温泉关战役开启了第二次希波战争的序幕，同时也是一次惨烈的悲剧。斯巴达"勇士之城"的盛名自此远扬。

希腊德摩比勒隘口（字面意思为温泉关）位于俄塔山与福基斯海之间，是通向希腊大陆的咽喉。前480年7月末，在斯巴达国王列奥尼达一世的指挥下，希腊联军据守在这里，希望拦阻波斯国王薛西斯的军队，为锚泊在阿提米修姆（优卑亚以北）海湾的希腊战舰撤退赢得时间。温泉关隘口极其狭窄，易守难攻，希腊人成功击退波斯人的多次攻势，未曾料到一个名叫厄菲阿尔忒斯的希腊人背叛了祖国，向波斯人告密一条能够避开希腊士兵的小路。

列奥尼达一世安排部分联军士兵撤退，自己毅然选择留下，与300名勇士（步兵和其他志愿兵）誓死抵抗敌人。他们坚持战斗到最后一刻。获胜后的薛西斯军队攻陷阿提卡，将其洗劫一空。

此役后，列奥尼达一世的遗体被运回斯巴达，葬在一处雄伟的陵墓中。他的英勇事迹令人们心生敬意，斯巴达人举办仪式活动来纪念这位盖世英雄。

列奥尼达一世成为时刻准备为祖国牺牲的英雄们的象征，他将斯巴达人灵魂中固有的勇猛与自律诠释得淋漓尽致。

斯巴达国王列奥尼达一世的雕塑

迈锡尼

海因里希·施利曼因发现特洛伊而声名大噪。1874年，他来到了迈锡尼，找到一个当时名叫查尔瓦提的小村庄。得益于荷马在悲剧诗篇中的笔触，得益于施利曼的不懈挖掘，如今，这座要塞已经成为前15—前12世纪整个希腊大陆文明的代表作，然而传奇的城堡墙垣如今已在岁月的磨蚀中不见了踪影。

前25年，地理学家斯特拉波只在著作中简单写道："迈锡尼城不再存在。"生活在马可·奥勒留时代的希腊旅行家保萨尼亚斯在书中只提到了波斯泉，以及"阿特柔斯与其子藏匿宝物的地下建筑"。他还曾提到这些坟墓多次遭到劫掠。事实上，早在那时，迈锡尼这座要塞之城已消失几个世纪了——前468年，迈锡尼人的近邻阿尔戈斯人将他们赶走，而后，阿尔戈斯人在阿伽门农宫殿的废墟上修建了一座神庙，俯瞰荷马笔下这座"盛产黄金、通衢纵横"的要塞。然而这座神庙没过多长时间就遭到废弃。

迈锡尼由宙斯与达那厄之子珀尔修斯建立。正是在这里，受到世代诅咒的阿特柔斯的子孙们上演了一幕又一幕令人心碎嗟叹的人生悲剧。

中央大厅柱廊前的景象，庭院的地面以灰泥粉铺就，并加以装饰

迈锡尼城入口的全景。图中，阿伽门农带着战利品从特洛伊得胜归来，殊不知他的悲惨命运已经注定

前1600年，迈锡尼迎来了繁荣时期，其商业版图一直扩展至克里特岛。

前1350—前1300年，迈锡尼继续其扩张步伐，王室的环形墓区也被并入城内。迈锡尼人还修建了一座雄伟的城门，克里特风格的圆柱上方雕刻了两只威风凛凛的狮子。

在特洛伊战争发生的历史时期，迈锡尼人的最高统帅、国王阿伽门农带领亚该亚人远征普里阿摩斯的著名城市。狩猎女神阿耳忒弥斯令海面逆风不断，阿伽门农不得不将自己的女儿伊菲格涅祭献给女神阿耳忒弥斯。如此，千艘集结在奥利斯港的战船方得以向特洛伊进发。

阿伽门农的妻子克吕泰涅斯特拉因此对丈夫产生了极大愤恨，当阿伽门农出征10年后归来时，她在情人埃吉斯托斯的帮助下，毫不犹豫地杀死了他。阿伽门农与克吕泰涅斯特拉的儿子俄瑞斯忒斯和女儿厄勒克特拉长大后为父报仇，杀死了克吕泰涅斯特拉。这一家族始终延续着仇恨。这个充满仇恨与愤怒的故事先后被希腊古典时代的三大悲剧作家埃斯库罗斯、索福克勒斯和欧里庇得斯写入剧作中。

前12世纪末，多利安人入侵迈锡尼，迈锡尼城与城堡消亡在熊熊战火中。

3000年后，当施利曼踏上这方土地时，只有狮子门巍然屹立——英雄时代留下的唯一的艺术品、唯一的见证。

希腊古典时期的人们将迈锡尼的城墙称为"独眼巨人之墙"，将之归为希腊神话中天地之子、野蛮的独

中央大厅的柱廊

融合了当地特色与克里特风格的中央大厅

眼巨人的杰作。昔日的庞大建筑已无处可寻，只有在凹凸不平的山坡上才能依稀看出巨石的痕迹。人们无法想象，迈锡尼人是如何搬运这些巨石的。迈锡尼的统治者们修建了高大的穹顶陵墓，并将珀耳修斯泉引入城中一处隐秘的蓄水池，认为这样的迈锡尼将坚不可摧。而荷马更为这座城蒙上了一层传奇色彩，他在作品中歌颂了这座坚不可摧的城池。

迈锡尼城一部分：迈锡尼宫殿、狮子门以及狮子门旁的环形墓区

皮洛斯

这座宫殿与其周围的定居点遗址位于伯罗奔尼撒半岛西南海岸。1939年4月，一支由希腊人和美国人组成的远征队发现了它们。

发掘工作初期，考古学家们便发现了壁画碎片、彩色的灰泥粉地面碎片、陶器碎片以及600多块写有线形文字B的泥板。线形文字B是迈锡尼时期的一种表音文字。这一发现说明，该地区曾是重要的定居点。很快，考古学家就得出了结论：这是国王涅斯托耳的宫殿。根据史诗《伊利亚特》的讲述，这位年长的国王曾率领"90艘战舰"参加特洛伊之战，即使是迈锡尼国王、希腊联军主帅阿伽门农，其麾下的舰队也仅仅比涅斯托耳的多几艘而已。

事实上，这一地区有两处"皮洛斯"：160年，保萨尼亚斯来到美塞尼亚。他认为科瑞法西翁半岛位于纳瓦里诺海湾北部入口处，应该就是皮洛斯古城的位置。也许，他是根据历史学家修昔底德的文字做出的推测——后者在记述前420年斯巴达和雅典之间的伯罗奔尼撒战争时就已提到这里。由于这一岬角土地干燥无植被，古代、中世纪，直至威尼斯人和土耳其人统治时期，都曾在此修建城堡，迈锡尼时期的遗迹早已无处可寻。

今日的皮洛斯城位于海湾南部，威尼斯人曾称其为"纳瓦里诺"——因为那里有一座阿瓦尔人古堡。因此，这座皮洛斯城很可能不是迈锡尼文明

皮洛斯宫殿的庭院，左侧为柱廊，右侧为中央大厅的柱廊

时期的皮洛斯。事实上，像迈锡尼、梯林斯、奥尔霍迈诺斯、底比斯或雅典一样，涅斯托耳的皮洛斯出于安全考虑，应该选在距大海有一定距离的地方建城。在昂格利安诺斯遗址的考古发现符合这一系列条件：距海几千米，一处天然高地俯瞰整个纳瓦里诺海湾和四周肥沃的平原，高地外围筑有一层厚厚的防御城墙。最重要的一点是，宫殿的内部构造和建造模式看上去与梯林斯和迈锡尼的宫殿无异。

涅斯托耳宫殿及其附属建筑物的全景。宫殿由城墙工事守卫，地势较低处为皮洛斯村镇

涅斯托耳是帖撒利国王涅琉斯与王后克洛莉斯的小儿子，后来到伯罗奔尼撒半岛定居，成为皮洛斯王。综合古代作家的不同说法来看，涅斯托耳的一生凶险激荡。他是他们弟兄中唯一未被赫拉克勒斯（罗马人称之为赫丘里）杀死的幸存者。他曾前往卡吕冬捕杀在埃托利亚一带侵扰作恶的山猪[1]；然后又登上著名的阿尔戈号船，与诸英雄一同寻找金羊毛[2]；再后来，暮年的涅斯托耳毫不犹豫地投入特洛伊之战，成为受人尊敬的智者，起到"军师"的作用。特洛伊被攻陷后，涅斯托耳回到皮洛斯，几年后安详去世。根据传说，涅斯托耳的子孙承袭了他的王位。直到前1100年，皮洛斯城于战火中湮灭——迈锡尼与梯林斯的宫殿也是在同一时期、同样情况下消失的。古典时代的作家们将这一时代称为"赫拉克勒斯后裔的回归"，今日的历史学家们称之为"多利安人——希腊最后一批移民的入侵"。这一事件导致"黑暗时代"（前1100—前750年）的到来。

　　后来，涅斯托耳家族（涅琉斯家族）的部分后裔定居雅典，建立了几个氏族，在雅典历史上占据重要地位。

　　1939年，皮洛斯古城被发现，但直至1952年才迎来希腊与美国辛辛那提大学共同组成的联合考古队。考古人员不仅发现了几段城墙的踪迹，还细致完整地挖掘出中央大厅及其附属建筑物：作坊、储藏室、梯子、火炉、长椅、廊柱基座以及一个保存完好的浴池。

浴室内的景象，浴室的地面由灰泥粉铺就

宫殿大厅内部景象

【1】卡吕冬城邦国王欧纽斯在一次祭祀众神的丰年祭典中独独遗忘对阿耳忒弥斯献祭，女神怒而派遣所有动物中一头最为凶恶、体形庞大又强壮的山猪侵扰卡吕冬一带。卡吕冬王子梅列阿格罗斯便召集希腊各城邦的英雄来此消灭这祸害。
【2】在希腊神话中，金羊毛是一只会飞、会说话的名叫克律索马罗斯的公羊的毛，象征着至高无上的权力和取之不尽的财富。

31

克里特岛与克诺索斯

诗人荷马用"克里特岛百座城"来形容这座由米诺斯（宙斯与欧罗巴之子）统治的伟大城市。克诺索斯位于距海岸线稍远处的一小片高地上，在其众多宫殿建筑中，只有一座自前2000年修建以来又不断重建，为今人所熟知。这里开启了著名神话的序幕。

王宫（残垣），由阿瑟·埃文斯 复原

宙斯每9年都要重新赋予米诺斯权力，这似乎说明米诺斯不是某个具体人物，而是一种身份。不过在希腊神话中，米诺斯娶了帕西菲为妻，二人共同孕育了8个孩子，其中4个名声远扬：阿里阿德涅、淮德拉、丢卡利翁和安德洛革俄斯。米诺斯向海神波塞冬求取一件能祭献给波塞冬的祭品，波塞冬对米诺斯的态度很是满意，便给了他一头白色公牛。可这头公牛甚是好看，米诺斯实在舍不得杀它献祭，于是用一头普通的牛代替。波塞冬知道后勃然大怒，为了报复，他引诱米诺斯的妻子帕西菲爱上这头白色公牛。帕西菲命建筑师兼雕塑师代达罗斯打造了一头披着牛皮的木牛，她藏身其中。后来，帕西菲生下了人身牛头的怪物米诺陶，她再次祈求代达罗斯建造一座迷宫作为米诺陶隐秘的栖身之所。

几年之后，米诺斯的小儿子安德洛革俄斯遭人嫉恨，在雅典被暗杀。悲愤的米诺斯发兵阿提卡，迫使雅典国王埃勾斯每年进献7个童男、7个童女，作为怪物米诺陶的祭品。

王宫侧厅，最深处的是王座室

此时，埃勾斯的儿子忒修斯登上了历史舞台。后边的故事大家就都知道了：忒修斯诱惑米诺斯的女儿阿里阿德涅爱上他，并给了他一张迷宫地图和一个线团，忒修斯成功杀死米诺陶，诱拐阿里阿德涅一同返回雅典，却又在返程中将她抛弃在纳克索斯岛。

米诺斯怒不可遏，设法报复建筑师代达罗斯。代达罗斯为自己和儿子伊卡洛斯发明了一副飞翔翼逃离克里特岛。所有人都知道伊卡洛斯的悲剧结局，不过代达罗斯倒是成功逃亡到了西西里岛，在国王科卡罗斯的宫廷中安顿下来。米诺斯闻讯赶来，向科卡罗斯追要代达罗斯的项上人头，代达罗斯便用计让科卡罗斯的女儿们将米诺斯烫死在浴缸中。

王宫守卫外廊（复原）。摄于克诺索斯王宫

克诺索斯王宫及其附属建筑全景图。全部建筑被城墙包围，宫城脚下是村庄

国王家族在看台上观赏斗牛活动时的场景

荷马、品达、希罗多德、狄奥多罗斯和普鲁塔克都曾描绘过克里特岛与克诺索斯的那段诡秘莫测的历史，三位著名的悲剧作家埃斯库罗斯、索福克勒斯和欧里庇得斯也多次在自己的作品中诠释这段神秘历史。事实上，直至今日，米诺斯的文字"线形文字A"（前2000—前1450年）仍未被破译。

约前1450年，来自希腊大陆的迈锡尼人向克诺索斯王宫及其周围城市约10万居民发起攻击。迈锡尼人要求克里特人学习他们的语言——希腊语。考古发掘出的写有线形文字B的泥板也证实了这一点——线形文字B是一种与线形文字A相近的表音文字，由英国建筑师迈克尔·文特里斯于1952年成功破译。

1890年前后，曾先后发现了特洛伊遗址与迈锡尼遗址的海因里希·施利曼开始对克诺索斯地区产生浓厚兴趣。但当时的政治形势并不乐观——占领着克里特岛的土耳其当局对此拒不合作。直至1898年，彼时还在《曼彻斯特卫报》当记者的阿瑟·埃文斯出资买下了克诺索斯地区后，发掘工作才于1900年正式开始。

埃文斯的发掘很快收获了丰硕的成果。他采用施利曼曾使用过的命名方法，结合历史背景，给每一处发现都起了一个直观明了的名字："米诺斯王座""双斧圣所""王后寝宫"等。宫殿群果真如同一座迷宫，令埃文斯时代的人们魂牵梦萦。1903年，为了保护这些珍贵的断壁残垣，信心十足的埃文斯决定将部分遗址废墟复原重建，建筑材料为钢筋混凝土和石块。如此，神秘朦胧的历史也终于有了一张具象的面孔。

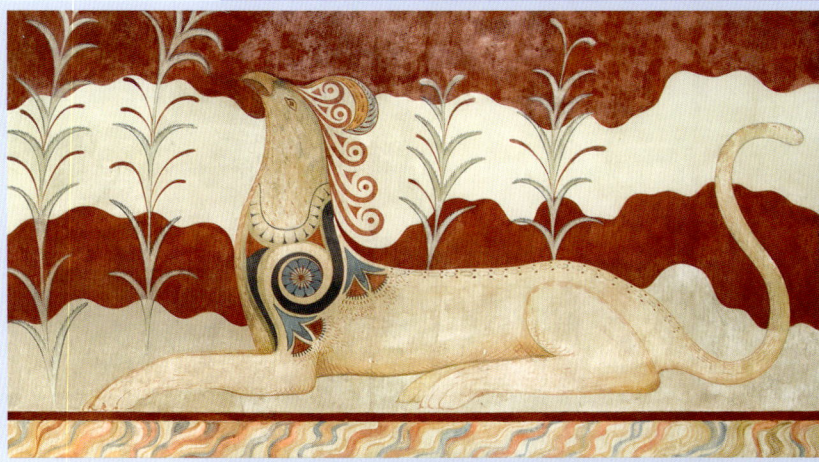

王座室内彩绘壁画上的狮鹫格里芬。摄于克诺索斯王宫

王座室内的其他复原部分。摄于克诺索斯王宫

从北侧欣赏王宫庭院中斗牛活动的景象

提洛岛

提洛岛位于基克拉泽群岛中，毗邻米科诺斯岛，在古希腊时期，这里是通向各个方向航道的"十字路口"，是地中海地区的市场，还是希腊地区最富饶的圣地。

克里欧佩特拉与她的丈夫狄奥斯库里得斯——前2世纪时的一位富商。摄于克里欧佩特拉宅院

阿波罗和姐姐阿耳忒弥斯（罗马人称其为狄安娜）生于汪洋大海中的一块浮石上，"海豹与海怪也在这里分娩"（卡利马科斯，前3世纪）。他们的母亲勒托因受宙斯宠幸而被赫拉迫害，四处逃命，找寻不到可以安全分娩的地方，最终只能来到岩石岛屿提洛岛——当时名为阿斯特里亚，卡利马科斯称其为一片"漂泊无根"的浮土。在伊诺波斯溪边的一棵棕榈树下，勒托诞下了阿波罗（纯洁与光明之神）和易怒的姐姐阿耳忒弥斯（狩猎女神）。

从这一刻起，这块浮石变为固定的岛屿，岛上的所有东西都变为闪耀发光的金子：岩石、棕榈树，甚至是河流！骤然巨变为小岛提供了新名："提洛"，意为"澄澈"、"明亮"或"光明"。旅行者在接近这一圣地时，都会为它的名字惊诧不已：因为岛上只有狂风留下的残垣与岩石。提洛岛上没有居民。近150多年来，许多考古学家曾来到这里——法国人从1873年开始一

阿波罗神庙内部的景象。前景中是勒托与阿耳忒弥斯，右侧是持弓的阿波罗

直在此挖掘。

　　"除了阿波罗，没有谁能汇聚如此众多的艺术作品！"卡利马科斯如此感叹道，"他是弓箭手与游吟诗人的天神，因为弓与诗都是献予阿波罗的；所有预言与神谕都向他吐露；所有医生都向他倾诉，从他那里学会如何拖住死神的脚步……凡人正是跟随着阿波罗的脚步丈量城市。阿波罗始终乐于见到这些城市的建设，亲自为它们奠基。"前9世纪，多利安人大举入侵，希腊地区居民被迫大举迁徙。来自阿提卡的爱奥尼亚殖民者建立了对阿波罗、阿耳忒弥斯和勒托的崇拜。荷马曾提及此事。这也解释了，在每4年举办一次的提洛节上，为什么总会有一个专门的雅典使团带领众人前来举行节日仪式。这一使团被称为"神使"或"提洛人"，由百余人组成，其中大部分是歌队，此外还有用于献祭的公牛。

　　巡游队伍环绕圣所一周，吟唱着回顾阿波罗出生场景的颂歌。人

从安提柯·戈努斯柱廊（le portique d'Antigone Gonatas）观赏阿波罗神庙的景象

们献祭牲畜，庆典就此开始——体育竞技、马术、歌咏、吟诗。

　　提洛岛以"纯洁"著称。自前6世纪末起，赫赫有名的雅典僭主庇西特拉图将岛上的陵墓全部清除，骸骨均移葬至提洛岛对面的里尼亚岛上。前5世纪，一道政令出台：提洛岛不许有任何出生、死亡的行为。此后，这座神圣不可侵犯的圣岛逐渐发展成繁华的商贸自由口岸，成为国际海上运输线，尤其是奴隶贸易的重要商业枢纽。

阿波罗神庙西侧的景象。右侧为尼西亚斯进献的青铜棕榈树雕塑，以及高大的阿波罗雕像，约前590年

亚历山大大帝（前356—前323年）的征服以及罗马自前150年开始的霸权统治，使得提洛岛的地位越发突出。其他神祇，如埃及的伊西斯与塞拉比斯，也来到提洛岛中心的昆土斯山山麓。

前88年，岛上的圣所被对抗罗马帝国的黑海国王米特里达梯六世拆毁，此后再未恢复。岛上居民移居他所。直至120年，一直守护提洛岛的雅典人曾尝试将其卖掉，但始终无人应和。

阿波罗神庙局部及5座宝库。远处是安提柯·戈努斯柱廊和赫尔莫斯特（Hermaïstes）市政广场的一部分

38

林佐斯

位于罗得岛的林佐斯卫城拥有一种震慑人心的美：蔚蓝海天间，白色与赭石色混合的墙体屹立在高处，俯瞰着脚下阡陌纵横的村庄——那里曾是古老卫城一南一北两个港口之所在。林佐斯，海天之间的一片高地，它的魅力可与雅典卫城相媲美，它的美永远不会枯竭。

在《伊利亚特》中，诗人荷马曾提及罗得岛上的几座古城——林佐斯、卡米罗斯和伊利索斯。这三座城一起构成了"罗德城"。如今，我们对林佐斯的历史知之甚少。根据诗人品达的说法，林佐斯城是由凯尔卡福斯建立的，他是一位"太阳的后裔"。大约在特洛伊战争发生的历史时期，阿尔戈斯人和雅典人曾在此进行殖民统治。迈锡尼文明时期的林佐斯城已经相当强大，至前6世纪，在古希腊"七贤"之一克莱俄布卢统治时期，林佐斯城的发展达到顶峰。

林佐斯港口地区从未建造过防御工事，因为山上的卫城面积近一公顷，战争爆发时足以庇护所有林佐斯居民——前490年波斯攻打该城时便是如此。之后，林佐斯又被卷入雅典与斯巴达之间的伯罗奔尼撒战争中。历史学家修昔底德记载道：斯巴达及其盟邦"希望将罗得岛拉入自己的阵营，因为后者拥有不少海军与陆上步兵"。后来，雅典军队对林佐斯城发动了强有力的报复性攻击。

林佐斯卫城

希腊化时期，随着罗德城的发展壮大，林佐斯地区日趋萎缩，但仍保有重要的战略地位。5—15世纪，归属于拜占庭帝国的林佐斯经受了阿拉伯人与土耳其人的多次进攻，是帝国与外敌交手的前沿阵地之一。后来，林佐斯被交到罗得岛的圣约翰骑士团手中。

从西北方向观赏林佐斯卫城的景象

在骑士团统治林佐斯城两个世纪之后，1523年，奥斯曼帝国入侵，占领了这里。

1902年，丹麦考古队发现了林佐斯卫城的建筑遗址，而后意大利人于第二次世界大战爆发之前将其修复。这些古建筑大多是希腊化时代留下的遗迹。

前348年，克莱俄布卢时期的圣所在一场大火中化为灰烬，人们在遗址上修建了雅典娜神庙。神庙位于小丘西南侧峭壁的一个巨大凿洞中。人们从海上望去，可以直接看到神庙；但从山脚下的城镇却无法直接见到，必须走过一条漫长的山路。行至第一道围墙处，一块雕刻着船尾图案的岩石出现在眼前。浮雕配的铭文告诉人们，浮雕是雕刻家皮索克里特的作品，他也是《萨莫色雷斯的胜利女神》的创作者。沿着漫长的山路走到尽头，雅典娜

神庙出现在眼前。神庙中摆放着用象牙雕刻而成的雅典娜神像，以及一尊大理石石碑，上面刻写着镀金的文字，那是品达的诗篇《奥林匹亚颂诗·七》（*VIIe Olympique de Pindare*）。诗中提到林佐斯卫城上有一片小树林——这令人们有些诧异，但也不无可能。这片树林很可能曾存在于第一层平台处。

4世纪末，罗马帝国皇帝狄奥多西一世一声令下，珍贵的雅典娜神像被运至君士坦丁堡。在此之前，狄奥多西一世已经通过这种手段强夺了多件艺术瑰宝，如帕特农神庙的雅典娜神像、奥林匹亚的宙斯神像等。搬运过程中，这些艺术品都遭到一定程度的损坏。在罗马的动荡时期，这些艺术品或被毁坏，或被掷于火中付之一炬。1453年，君士坦丁堡陷落到土耳其人手中，众多艺术珍品不知所终。留给今人的，只有古老文字的记载和无限的仰慕欣赏之情。

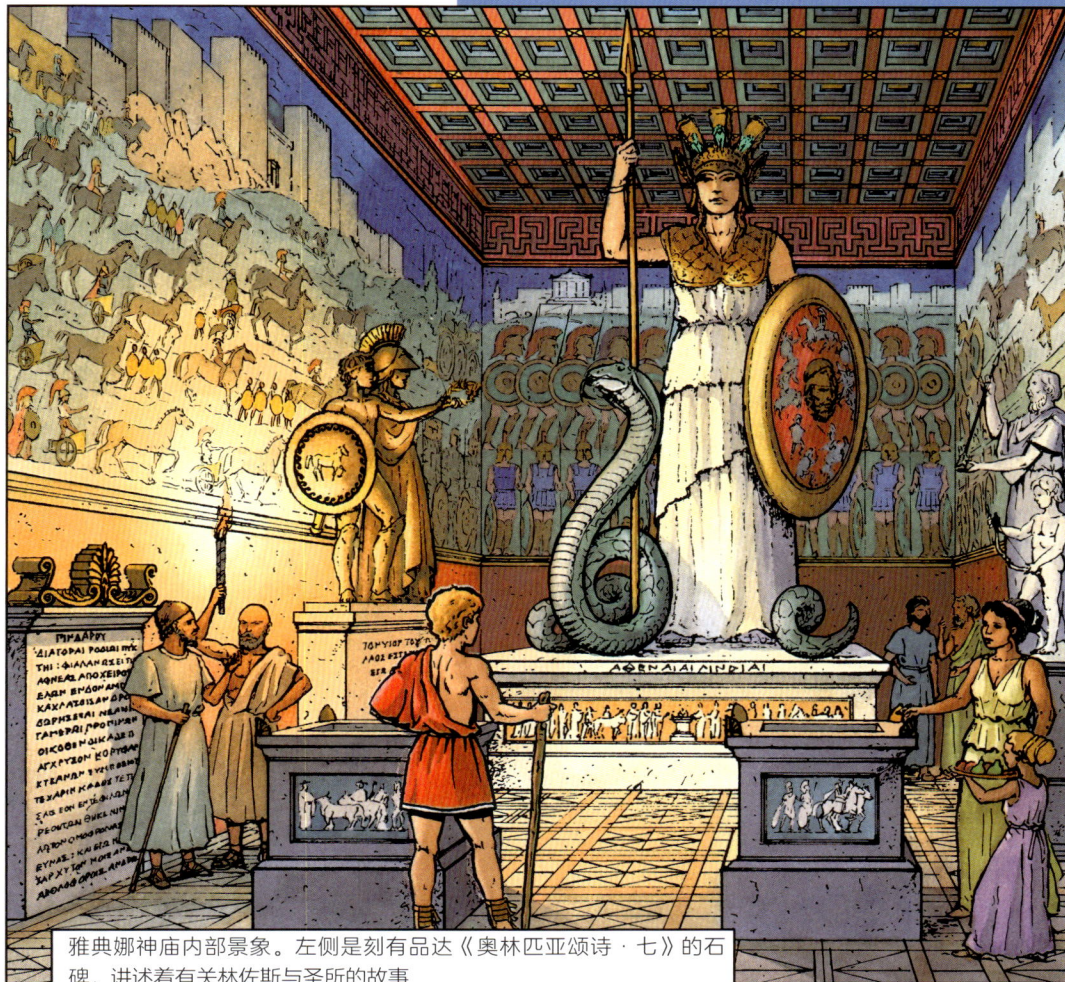

雅典娜神庙内部景象。左侧是刻有品达《奥林匹亚颂诗·七》的石碑，讲述着有关林佐斯与圣所的故事

两段通往巨大的多利安式柱廊和城门的长台阶

罗得岛

前5世纪初，品达在诗中称罗得岛是太阳神赫利俄斯和仙女罗德的爱情结晶。赫利俄斯与阿波罗有些柜似，但在罗得岛地区，赫利俄斯更为人所熟知。

前408年，在罗得岛最北端，林佐斯、卡米罗斯和伊利索斯——岛上三座古老的多利安城市共同组成了罗德城。罗德城的建设规划具有强烈的人工痕迹，这源于来自米利都的希波达姆斯以理性规划为特点的"希波达姆斯模式"——70年前，希波达姆斯在重建被波斯人摧毁的故乡时提出了这一理论。还有一些人认为，应该是米利都人完成了罗德城的城市规划。罗德城最初的布局与米利都和普里埃内很相近。15世纪初，罗得岛圣约翰骑士团驻防的中世纪城镇覆盖了古罗德城的大部分地区，其围墙直至今日还能看到。

罗德城建立后，首先选择与雅典结盟，对抗斯巴达；之后城市政局发生巨变，罗德城转而反抗哈利卡纳苏斯的摩索拉斯王——前356年，摩索拉斯王强行在罗德城驻军。罗德城拥有一支一流的海军。前332年，当亚历山大大帝围攻提尔城时，罗德城错误地选择支援提尔城。愤怒的亚历山大占领了罗德城，并于此驻军。前323年亚历山大死后，罗德城在多位继业者中选择了埃及的托勒密家族。这一选择引起另一个亚历山大继承人安提柯之子德米特里一世（围城者）的不满，他于前305年发兵围攻罗德城。德米特里打造了多种前所未有的攻城武器，其中就包括一座可用轮子推动、高38米的攻城塔。但尽管如此，德米特里一世仍没能攻克罗德城。为了纪念此次胜利，罗得岛人决定将被遗弃在战场上的武器熔铸为一尊巨大的铜像，安置在北部港口，今圣尼古拉戒堡。

这尊雕塑由雕刻家留西波斯的学生、林佐斯人萨累斯设计督造，自前304年始，至前292年完工。这一伟大工程被列为古代世界七大奇迹之一，为罗得岛增添了无上光辉与荣耀，同时也促使托勒密家族建造了另一大世界奇迹——高达120米的亚历山大里亚灯塔。

罗得岛自此成为文明圣地，无数作家、雄辩家、艺术家蜂拥而至。在众多诞生于罗得岛的艺术作品中，表现拉奥孔与他的儿子们的群雕作品尤为值得一提。这尊群像现在保存于梵蒂冈。1506年，人们在罗马提图斯的皇宫发现了这件雕塑。敏锐的米开朗琪罗得知后连忙赶来，举着火把加入发掘工作中。前227年的一场地震使得太阳神铜像从膝盖处断裂，一分为二。两块铜像残骸静静地躺在罗得岛上，直至653年，阿拉伯人占领

位于曼兹拉基翁港口尽头的圣尼古拉城堡（15世纪），那里也是昔日罗得岛太阳神铜像屹立之处

罗得岛后将铜像残骸卖给了一位叙利亚商人。据说，商人动用了900多头骆驼才将铜像全部运回。这一说法仍存有疑问，因为希腊化时代的建造技术要比中世纪先进，加之雕像内部的铁条横梁错综复杂，铜板、底座等都是拆卸雕像时将面临的巨大难题。尽管相关研究颇多，但人们始终没有找到太阳神铜像真正的遗迹。

总之，罗得岛人曾向希腊筹集修复太阳神铜像的资金，但事实上他们并未将资金用于此处。

前190年前后，罗得岛人适时地选择了罗马，但后来，又在关键时刻放弃了罗马。前42年，恺撒的刺杀者之一卡西乌斯摧毁了罗德城，将城内珍宝洗劫一空。根据老普林尼的记述，劫后的罗德城虽然还保有约2000件雕塑，但经过与提洛岛自由贸易港口长达两个世纪的竞争后，罗得岛最终不敌提洛岛，失去了自治地位，并入罗马帝国。但历史为罗得岛留下了一份令人羡慕的文化遗产，一份可以永久珍藏的财富。

宙斯神庙

卫城及其城墙

43

罗得岛三个港口的全景图：干船坞、古希腊三层桨战舰及太阳神铜像，右侧远处为卫城

特洛伊

很少有其他城市能如特洛伊般神秘。特洛伊城，古希腊人也称之为伊利昂城。自1870年起，海因里希·施利曼在建筑师威廉·多普菲德的协助下发掘了这座传说中的城市的珍宝。此后，大量优秀的考古学家将目光转向这片极负盛名的废墟。几年前，一位名叫埃伯哈德·桑戈的年轻学者提出，荷马笔下的特洛伊城其实就是柏拉图在书中描绘的亚特兰蒂斯。按照柏拉图的描述，亚特兰蒂斯是一座环状都市，周围有运河、沟渠环绕，坚守着地中海通往黑海的必经之路——达达尼尔海峡。

与迈锡尼、梯林斯、皮洛斯等其他众多出现在《伊利亚特》和《奥德赛》中大名鼎鼎的城市相比，特洛伊只是一个环形小堡垒。前1250—前1180年，其工事围墙的直径还不到200米。尽管诗人荷马将其描写得宏大壮观，但实际上，这座建在小丘之上的小城远没有埃及神庙、美索不达米亚宫殿甚至克里特宫殿那般雄伟壮丽。不过，伟大的诗人使我们了解了众多特洛伊英雄的故事，特洛伊王普里阿摩斯就是其中一位。这位特洛伊王共有50个儿子、12个女婿，其中一个儿子帕里斯拐走了斯巴达王美涅拉奥斯的王后海伦，由此引发特洛伊战争。

约800年后，得益于荷马，这些英雄的壮举使得这座城镇被后世铭记。在这个时期，尽管特洛伊城已被亚该亚人占领许久，但雅典娜·伊利阿斯圣

位于西萨尔立克（土耳其）的特洛伊考古遗址，第七层即为《荷马史诗》中发生特洛伊战争的那座城

位于特洛伊中心的中央大厅。前景描绘了特洛伊年轻人进行战斗训练时的场景

中央大厅内部的景象。该大厅长逾40米，宽逾13米

所的存在使得人们依然对特洛伊城充满敬畏之心。这座圣所也时刻提醒人们牢记荷马的经典，这是古典希腊教育的基础。一生都将《荷马史诗》奉为枕边书的亚历山大大帝渴望通过特洛伊叩开亚洲的大门。东征前，他前往神庙，将自己的盔甲留下，而取下了神庙墙上挂着的一副甲胄——据说这副甲胄的历史可追溯至特洛伊战争时期。亚历山大大帝之前的波斯帝国国王薛西斯一世、亚历山大的继业者利西马科斯以及再后来对荷马笔下的历史英雄抱有极大兴趣的尤利乌斯·恺撒和奥古斯都皇帝都曾来到此地。

在《伊利亚特》的指引下，施利曼于1870年开始在西萨尔立克进行发掘。这一地区早在18世纪就受到关注，但一直未得到确认。1873年6月14日，在发掘工作就要中断的前一夜，施利曼正心不在焉地看着工人进行最后的挖凿工作，突然一闪而过的光亮引起了他的注意。他走近观察，让浑然不觉的工人再凿几下，又拿出口袋里的刀挖了一阵，眼前的景象令他震惊。但他非常镇定地回家叫来妻子，短暂的讨论过后，施利曼向工人宣布他们的工作到此结束，并将为众人最后一晚的工作提供酬谢礼物。于是，工人们在一片欢愉中解散离开了。

工地上只剩下施利曼夫妇二人，他们挖掘出了一批珍贵宝物——这便是"普里阿摩斯宝藏"！这批宝物中有一顶名为"海伦之宝"的王冠，施利曼妻子索菲娅曾戴着它照了一张震惊世界的照片，但这件宝物在第二次世界大战末期的混乱中失踪了。

1890年，施利曼离世，索菲娅与多普菲德继续考古挖掘工作。正是多普菲德证实，在挖掘出的9层特洛伊城中，第七层应为荷马时期的特洛伊城，即奥德修斯通过木马妙计帮助希腊人攻下的特洛伊城池。维吉尔在《埃涅阿斯纪》中讲述，安喀塞斯的儿子埃涅阿斯在之后的屠城中逃过一劫，流浪到意大利。在那里，他的人生得到圆满——迎娶了国王拉丁努斯的女儿拉维尼亚，建立了罗马城。二人的结合被视为日后罗马帝国之起源。

著名的特洛伊木马

特洛伊战争时期特洛伊城的外部俯瞰图。3层城墙的结构说明了其演化历程

帕加马

帕加马，城如其名（希腊语中意为"堡垒"），最初只是一座坐落在小亚细亚一陡峭山巅的堡垒。前323年，亚历山大大帝死后，麾下将军之一利西马科斯与其他几人共同分割位于希腊北部及小亚细亚的土地。利西马科斯认为帕加马易守难攻，遂派遣他的亲信之一——马其顿人菲莱泰罗斯，将其通过战争掠夺的财宝送至此地保管。

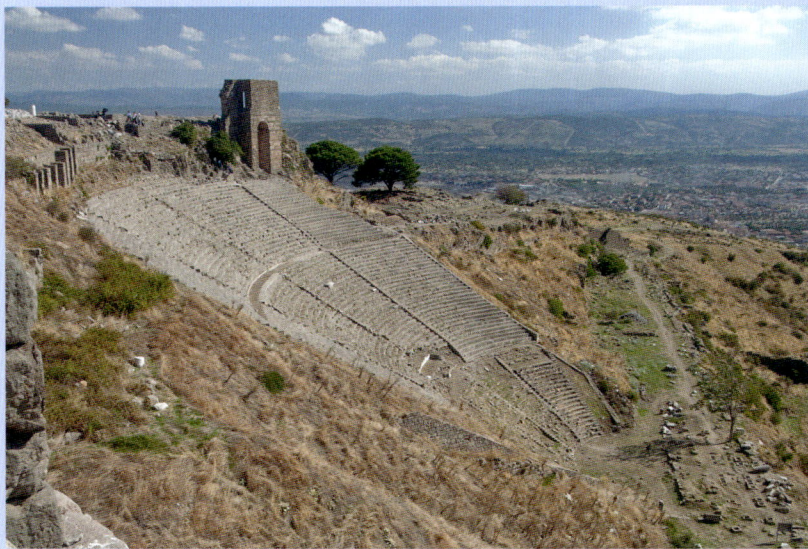

建在卫城一侧山坡上的大剧场，可容纳10000名观众

前281年利西马科斯去世后，王位落到亲随菲莱泰罗斯头上。他的继任者欧迈尼斯一世趁着叙利亚、美索不达米亚、希腊甚至巴勒斯坦和埃及等地的希腊化诸国日渐衰败的机会，抓紧扩大帕加马王国的领土。

前2世纪，国王欧迈尼斯二世开始大刀阔斧地建设首都帕加马。这里成为各地商人会聚的贸易中心，同时也是一座拥有多处圣所、集市以及体育馆的繁华之城。

欧迈尼斯二世在城池高地、陡峭的山坡上修建了宏伟的大剧场，其最高一层平台宽达240多米。此外还有雅典娜神庙、宙斯祭坛以及著名的图书馆，其中图书馆藏书20000多卷，影响力直逼埃及的亚历山大里亚图书馆。

为了遏制帕加马王国的文化发展，埃及法老托勒密六世及其继承者们禁止向那里出口莎草纸。而精于创造的帕加马人通过对绵羊或山羊皮的处理，发明了一种新型书写载体——羊皮纸。羊皮纸一词的名称"Parchemin"就来自帕加马的拉丁文名字。尽管竞争激烈，但帕加马的国王们从未停止对手稿及艺术珍品的追求。他们根据情况有时重金购买，有时直接据为己有。

前133年，国王阿塔罗斯三世认为没有合适的继承人能继承王位，便立下遗嘱，将国家赠予罗马元老院。罗马人又惊又喜，自前146年拿下希腊，他们未费周折便继承了这笔遗产。希腊化时代，城市化与建筑息息相关。罗马人开始在帕加马设立希腊学校，并由此逐渐占领了整个帕加马地区。

历史是讽刺的。拜倒在埃及艳后克利奥帕特拉七世石榴裙下的"后三头同盟"之一的马克·安东尼将帕加马图书馆的藏书悉数献给了埃及女王，以补偿亚历山大里亚图书馆在动乱时局中的损失。要知道，克利奥帕特拉七世曾是恺撒的情人（前47年）。后来，基督徒与穆斯林先后占领亚历山大里亚城，所有这些

宙斯祭坛内部的景象

雅典娜神庙与要塞平台的景象

藏本灰飞烟灭。

罗马治世时期，帕加马在卡伊克斯河（今萨伊河）流域的平原发展，常住人口达16万人——对于一个古代城市来说，这个数字相当惊人。

关于宙斯祭坛的设计者，已无迹可寻。这座雄伟的神庙坐落在帕加马剧场旁的一大片平地上，其基座长36米，宽34米，高逾12米。前170—前150年，宙斯祭坛迎来了一座规模惊人的雕塑作品。这座雕塑长约100米，高2.3米，作品以诸神与巨人之战为主题，实则暗示帕加马王朝成功抵抗了格拉提亚人的入侵掠夺。

帕加马的雕塑群以生动、富有生机甚至略带夸张的手法讲述了这段故事（也许是史实），雕塑的风格结合了当时罗马的古典主义与东方的夸大手法。

城市高地的俯瞰图

宙斯祭坛全景

51

哈利卡那索斯

1291年，圣约翰骑士团在土耳其人的追逐下放弃巴勒斯坦，前往塞浦路斯避难，后于1310年到达罗得岛。16世纪初，圣约翰骑士团决定在大陆，也就是哈利卡那索斯，修建一座防御功能的桥头堡。

陵墓遗迹

圣约翰骑士团大团长菲利普·维里尔斯·亚当命德国建筑师海因里希·施莱格赫特负责这一工程。在找寻石灰石等建筑材料的过程中，这位建筑师发现了摩索拉斯王陵墓（古代世界七大奇迹之一）。这座陵墓屹立在地势高处，俯瞰着城池，虽建造于前350年，但彼时依然状态良好，建筑师对这座陵墓加以利用。在他本人的一段简短记录中，建筑师承认，是他将摩索拉斯王陵墓完全摧毁。显然，他毫无悔意，认为那只是一处异教徒的古老陵墓而已。

然而，为了建造这座陵墓，卡利亚国王摩索拉斯的妻子阿耳忒弥西亚召集了当时最杰出的希腊艺术家，也正因如此，这座陵墓被列为古代世界七大奇迹之一。参与设计建造的两位建筑师分别是来自帕罗斯的撒提尔和来自普里埃内的皮修斯。对于第一位，我们知之甚少；但第二位的名气就大多了：他将四马双轮战车作为摩索拉斯王陵墓的顶饰，还针对其家乡普里埃内的雅典娜神庙撰写了一篇著名论文。

79年的维苏威火山大爆发吞噬了庞贝古城，也夺去了古罗马著名博物学家老普林尼的生命。老普林尼曾记录，摩索拉斯王陵墓的基座浮雕和雕塑出自雕刻家伯亚克西斯、李奥查理斯、史卡帕斯和提莫西亚斯之手。完成这项工作后，他们4人便各奔东西了。

维特鲁威是唯一一位有建筑学著作流传至今的古代建筑家。前25年前后，他认为参与建造摩索拉斯王陵墓的还应有普拉克西特列斯。这一论断不无道理，因为彼时的普拉克西特列斯刚刚在距离哈利卡那索斯不远的克尼德完成了妖媚诱人的阿佛洛狄忒雕像。

老普林尼的记述虽然提及了一些珍贵细节，但其他方面又有些语焉不详，似乎他只是照搬某段文字，并非亲眼所见；维特鲁威则记载自己"身处陵园半坡，一条又宽又长的路上"，称赞摩索拉斯王陵墓为"杰出的作品"，并将其列为古代世界七大奇迹之一。

哈利卡那索斯是今日的土耳其博德鲁姆，这里也是历史学之父希罗多德的家乡。摩索拉斯王陵墓的基座长242米，宽105米，这一数字无可争议。但当谈及陵墓的高度时，考古学家、建筑师以及文献资料所给出的数

通往陵墓入口的第一层柱廊的景象

摩索拉斯王陵墓的设计结构而建，但这些并没有被发掘出来，其真实情况我们不得而知。我们今天只能看到两处类似的"复制品"：一处是位于克尼多斯的狮子墓，规模是摩索拉斯王陵墓的三分之一，只有残存遗迹；另一处则是同位于土耳其米拉斯的陵墓，陵墓保存良好，但其规模尚不及原品的十分之一。对于那些渴望一睹壮观、新颖而又神秘的摩索拉斯王陵墓的人来说，这只能是一丝聊胜于无的慰藉了。

祭祀摩索拉斯王的神圣宫殿内部景象，顶部设计有挑梁，从外形上看酷似金字塔

摩索拉斯王陵墓地下墓穴的景象

据版本众多，莫衷一是。综合各家言论，陵墓的高度应在42～60米。从19世纪至今，摩索拉斯王陵墓已经经历了大大小小30多次修缮。

摩索拉斯王陵墓遗迹其实所剩无几。基座与地上的陵墓部分早已消失，低矮简陋的房屋与街道覆盖其上。在方形洞深处仍留有房间格局的痕迹，以及几块楼梯、鼓形柱和雕塑碎片。最重要的物件都被运到了大英博物馆，人们来博德鲁姆并非为了摩索拉斯王陵墓，而是为了欣赏扼守港口的博德鲁姆城堡，感受这座城市独特的时尚气氛。

无论摩索拉斯王陵墓今日留存几何，在当时，"摩索拉斯"一词迅速被古人吸收，用于表达"大型陵墓"之意。

也许位于亚历山大里亚的亚历山大陵墓是参照了

从东南方向远观摩索拉斯王陵墓与基座的全景。此复原图是贝尔尼按照老普林尼的描写复绘出来的

普里埃内

1898年，德国研究院在小亚细亚西海岸、距米利都25千米处发现了普里埃内城遗址。普里埃内城遂成为继米利都之后由希波达莫斯操刀的又一城市规划典范。

哲学家亚里士多德曾生动地描绘希波达莫斯这位城市规划家：他称自己首先是一位"星象学家"，专一研究天体现象。在他看来，城市的建设也应像宇宙一样有逻辑、受理性支配。这段描述可追溯到前350年，当时的普里埃内人正在重建他们的城市，并将城址选在了可俯瞰迈安德河（今土耳其大门德雷斯河）的米卡尔山麓。

由于迈安德河水流方向变幻不定，普里埃内人不得不迁居他所。值得一提的是，古希腊艺术中的希腊回纹样式便以这条多湾的河流的名字命名。

普里埃内城坐落于迈安德河河口，前11世纪，被奉为"古希腊七贤"之一的毕阿斯在此出生。普里埃内城拥有一支舰队，将各地的反波斯势力招至麾下。

然而到了前450年，迈安德河的冲积层越来越厚，两个港口几近淤塞，昔日的河口渐渐变成了散发恶臭的沼泽。普里埃内城居民决定迁城。溯流而上15千米后，他们选择了一处朝南的山麓，那里有一座独立山峰，很适宜建造堡垒。此外，四周的山坡与水流还能源源不断地为他们提供生活所需。

普里埃内人建造了市政广场，并在雅典人的帮助下于广场周围开辟了东西南北纵横交错的网格状道

市政广场以及柱廊的一部分，高处是雅典娜神庙

路，通向居住区和公共建筑。议事厅、市政厅、体育场、剧院、神庙，这些都属于公共建筑。为了表达感激之情，普里埃内人将他们最主要的神庙献给了雅典娜女神。在地势低洼处，为了巩固南侧城墙，普里埃内人建起了体育馆和一座规模更加庞大的体育场，这座体育场与高处的体育场一样兼具学校的功能。一个细节很是有趣：人们发现，体育馆和体育场的墙上都画满了涂鸦，一个地方写着："安纳克斯洛斯的地盘"，稍远处则写有"索斯比奥斯的地盘"，再远处还有"狄奥尼修斯的地盘""迪米特里奥斯的地盘"等等。这说明无论是何年代，孩子们都热衷于划分地盘！

一道城墙环绕在新普里埃内城外，几处战略要地上竖起了防御式高塔。新普里埃内城有近90个居住区，每区至少有4户人家，如此算来，城内居民接近5000人。从山脚的体育场到高处的悬崖，整个城市长近600米，宽500米，其人口数

前150年的议事厅场景

从雅典娜神殿前的柱廊观察雅典娜神殿的景象

量正符合柏拉图"理想城市"的规模——5040人。

格拉尼库斯战役胜利后，亚历山大大帝曾亲临普里埃内城（前334年），不由得为之惊艳。他慷慨地资助普里埃内人修建雅典娜神庙，请雕塑家兼建筑家皮修斯作神庙设计图。这位艺术家曾与普拉克西特列斯一同设计哈利卡那索斯的摩索拉斯王陵墓的装饰部分，还针对这座雅典娜神庙撰写过一篇论文。正如米利都的发展过程一样，始建于前480年的普里埃内城慢慢形成了清晰的轮廓。城市的大部分建筑都是在前250年以后修建的，因为那时的普里埃内变得富有、繁荣，有能力承担这样的开销。

拜占庭时期，普里埃内城日趋衰败，只是一座主教府的所在。9世纪末，阿拉伯人以及土耳其塞尔柱人先后占领此地，由此切断了普里埃内与帝国及首都君士坦丁堡的联系。

雅典娜神庙遗迹

普里埃内全景：高处为堡垒，城市中心为公共建筑群

57

塞林诺斯

始建于前650年的塞林诺斯是西西里岛的重要城市，位于岛屿西南沿海地区。来自提尔和赛达的腓尼基人在建立迦太基后开始将殖民目标对准地中海盆地。面对伊米利人（西西里岛的原住民）、迦太基人以及腓尼基人的威胁，对于希腊各城邦来说，塞林诺斯城就是它们的"前哨士兵"。

赫拉神庙

前734年，科林斯人创建叙拉古城，邻城希布来亚要求其母邦、雅典的近邻墨伽拉派遣一位"创建人"，帮助希布来亚人按照习俗传统制定城市规划以及新城的法律法规。这位"创建人"选择在两片冲积平原中间的一片高地上建城。由于西侧的河流盛产野芹菜，人们便将这条河流命名为"塞林诺斯河"（在希腊语中意为"芹菜"），新城也同取此名。

最初，塞林诺斯城主要在河口一带扩张，人们仿照中央大厅的结构修建了得墨忒尔神庙，还有围墙，不禁令人想起了塞林诺斯的母邦墨伽拉。20世纪时，塞林诺斯城被发掘，得益于让·于洛出色的复原技术。1904年，人们发现塞林诺斯城是从3个关键地点发展起来的：塞林诺斯河河口、北侧高地以及东侧的大港口——那里正是3座神庙脚下的小溪汇流的地方。

塞林诺斯的卫城规模最大时，长约400米，宽约300米，面积达9公顷。两条呈十字形交叉的主道将城市一分为四，主道再分出次级道路，形成网状结构的道路系统。然而根据今人的研究，这项道路规划在当时未能完成，因为在前409年人们修缮城池时，叙拉古将军赫莫克拉提斯将这座城完全摧毁。不过，这一道路设计理念却在城市建立之初就已经开始应用了。这与意大利奥特人的十字模型相似，也与伊特鲁里亚人的相近——他们将南北向道路称为"Cardo"，东西向道路称为"Decumanus"。

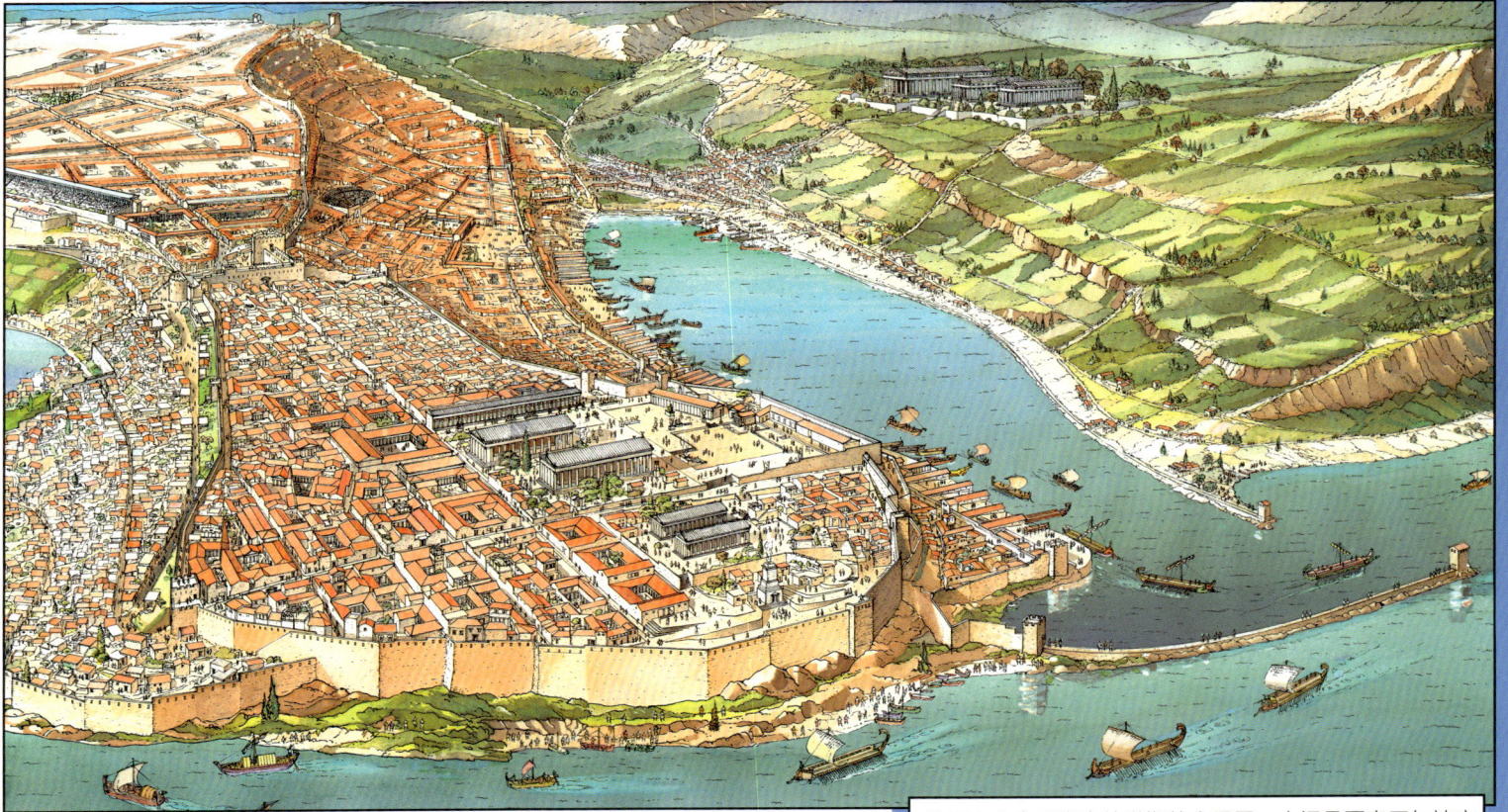

从西南方向观赏塞林诺斯的全景图。中间是要塞区与神庙 O、A、C、D；右侧的马里内拉山上是神庙E、F、G

但还有些人从地形学角度分析，认为这样的道路设计仅是因为十字交叉形道路是到达城市两端最快捷的方式。

勒·柯布西耶在谈到阿格里真托时说，蚂蚁才是一流的城市建筑师。再来看看塞林诺斯城，最初卫城的神圣区域（神庙C和D）是最早确定下来的部

神庙C和D前方广场的景象，低处是神庙A

神庙A局部以及从东南方向欣赏神庙C和D的场景

分。之后城市不得不围绕这片区域扩张——这的确符合有关蚂蚁的假设。

　　4座神庙共占地3公顷。人们用O、A、C、D分别指代这4座建筑，并没有具体的名称加以区别。高地上的神庙也是如此，分别以E、F和G指代。这些神庙均有一种独特的结构风格，令人不禁联想到墨伽拉的神殿庙宇，尤其是墨伽拉的得墨忒尔神庙。这一细节似乎在暗示人们，塞林诺斯像墨伽拉一样，祭献多座宗教建筑给司掌丰收和丰产的得墨忒尔与她的女儿科瑞（也被称为珀耳塞福涅）。她们最重要的圣所在雅典附近的厄琉息斯。

　　大希腊[1]意大利南部和西西里岛居民的宗教信仰总是带有多利安人的风格——神秘、奇特、宏伟。极受塞林诺斯人喜爱的神祇包括宙斯、宙斯之妻赫拉、赫拉克勒斯以及阿波罗。阿波罗本是爱奥尼亚人最早信仰的神祇，但他在德尔斐昭晓其神谕，使得这里的人们为阿波罗建造了极为宏大的希腊圣所之一，即东部高地上的神庙G。前510年前后，嫉妒不已的邻城阿克拉格斯（今阿格里真托）的居民也开始建造类似的神殿，只不过是要献给宙斯。但这两座建筑似乎都有始无终。

献给得墨忒尔和科瑞的神庙C的内部景象

【1】大希腊是指前8—前6世纪，古希腊人在安纳托利亚、北非以及南欧的意大利半岛南部创建一系列殖民城邦的总称。

建筑元素

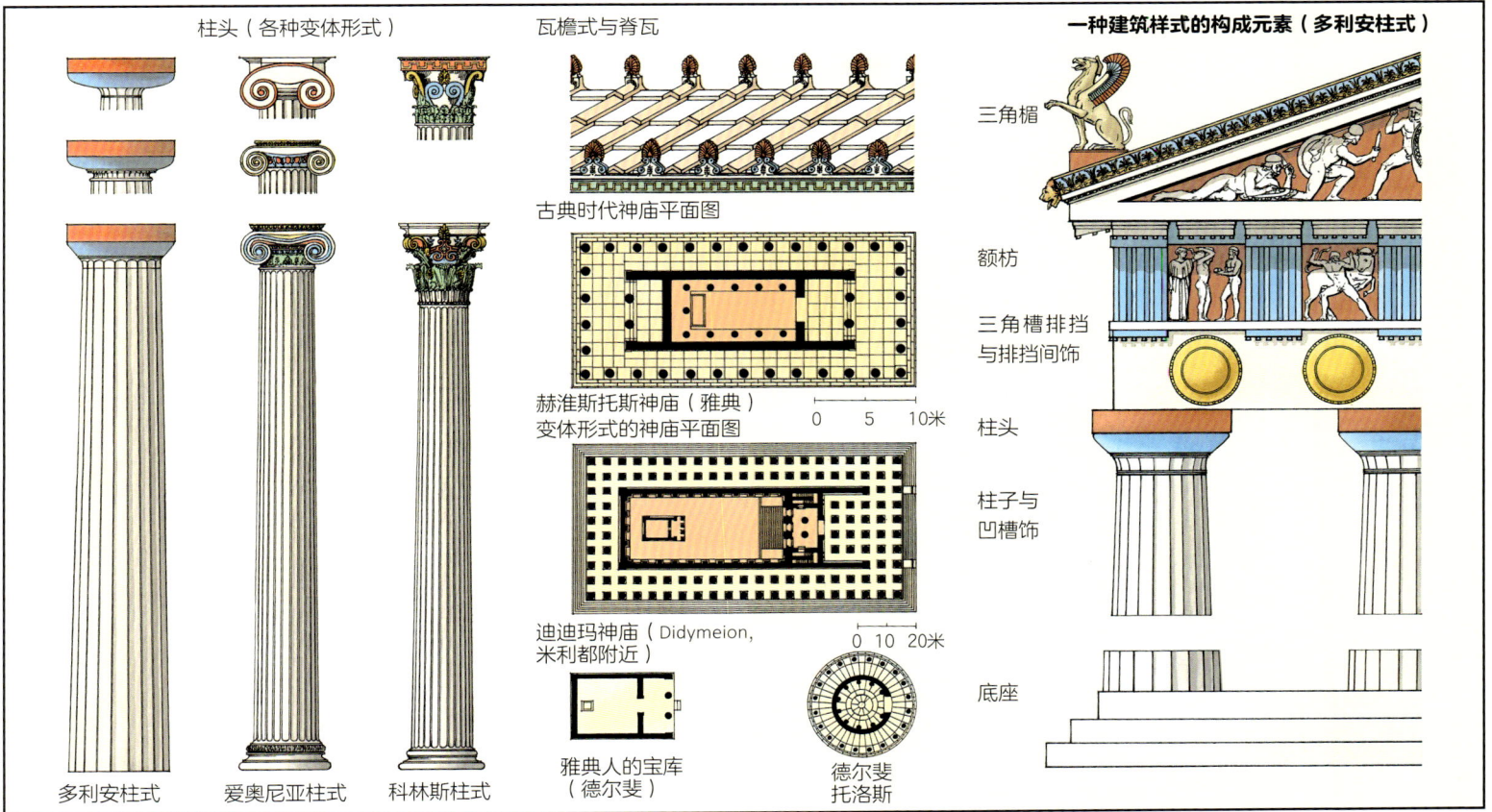

柱头（各种变体形式）

瓦檐式与脊瓦

一种建筑样式的构成元素（多利安柱式）

三角楣

额枋

三角槽排挡
与排挡间饰

柱头

柱子与
凹槽饰

底座

古典时代神庙平面图

赫淮斯托斯神庙（雅典）
变体形式的神庙平面图

0 5 10米

迪迪玛神庙（Didymeion,
米利都附近）

0 10 20米

雅典人的宝库
（德尔斐）

德尔斐
托洛斯

多利安柱式

爱奥尼亚柱式

科林斯柱式

家具与器皿

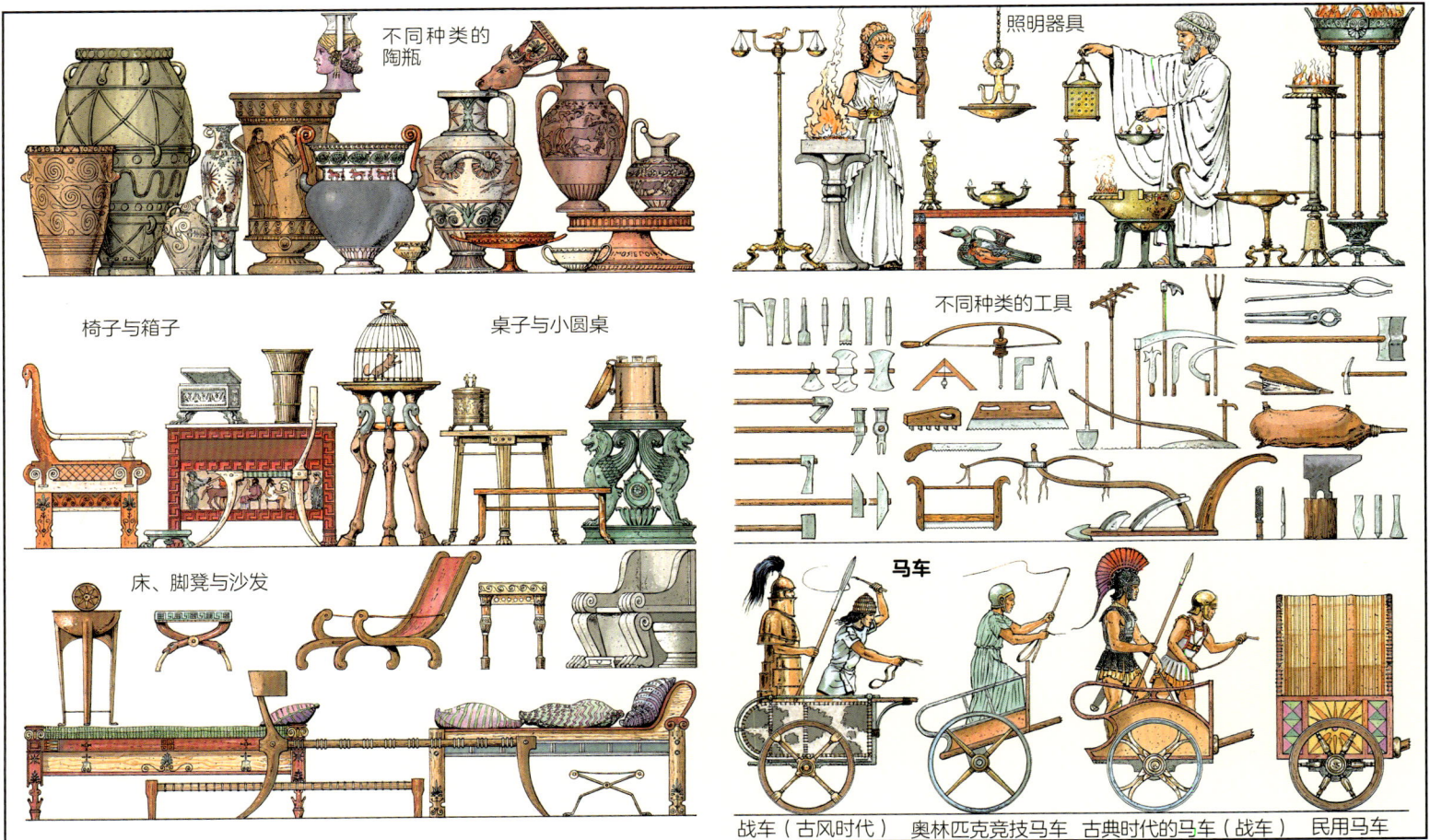

不同种类的
陶瓶

照明器具

椅子与箱子

桌子与小圆桌

不同种类的工具

床、脚凳与沙发

马车

战车（古风时代）　奥林匹克竞技马车　古典时代的马车（战车）　民用马车

1~2：阿提卡农民的简单装束；

3~4：仆人（不一定是奴隶，但是贫穷家庭出身），图中为照料孩子的保姆；

5~6：幼童、玩具以及由柳条编织或者陶土烧成的幼儿看护椅；

7~8：希腊宴会上供宾客娱乐的舞者，多来自社会底层，不被人们所重视；

9~12：奴隶，部分奴隶会被烙上代表主人的缩写，所有奴隶必须留短发，不穿衣或者少穿衣，男孩大部分时间赤身裸体，能说会道的或许能当上宴会侍应生，由此改善自己的生活状况；

13~15：上流社会的女人，手持孔雀羽扇或是织布扇；

16~20：带着侍女的贵族，侍女多出身底层，贵族带着两个孩子，男孩戴着假发，但赤身裸体，直到满七岁；女孩则依照习俗身着宽大的长裙；

21~23：妇女很少出门，且出门时常有陪同，图中的年轻女孩系了一根腰带，与小女孩不同，当时普遍没有珠宝，也没有其他人工装饰；

24~25：雅典公民经常在各种公民集会上讨论甚至辩论，集会在这一时期得到充分发展；

26~27：旅行者的服饰，为了保证衣襟不随意飘起，他们的外衣下端要坠上铅块，由于旅途并不安全，他们必须携带草帽和武器，大衣外层没有任何其他服饰；

28：酒神狄俄尼索斯的祭司；

29~30：阿耳忒弥斯的祭司与一位负责看守火种的仆人；

31：戴着面具、穿着高筒靴的戏剧演员；

32~35：年轻士兵整理装备，准备训练，前5世纪初，盔甲以鱼鳞片式铠甲为主，系在身侧或身前，33号士兵戴了一顶毛毡无边圆帽保护头部，34号士兵正在调整胫甲（腿部铠甲），35号士兵将头发敛起以戴好头盔；

36：分成两片的铠甲，前后各一片，系在身侧；

37：首次出现亚麻护身铠甲；

38：重装步兵，其护胸甲带有内衬，请注意，其手中盾牌弧度很大；

39：军官，身着"雕刻式"的铠甲、头盔与护颈；

40："科林斯式"的头盔与长片式铠甲开始普及；

41：很长一段时间内，"肌肉式"铠甲都是士兵装备中不可错过的一大特色，盾牌弧度开始减小；

42：亚麻护身铠甲与科林斯式头盔成为趋势，图中所示为伯罗奔尼撒战争中士兵的基本装备；

43~45：呈战斗姿势的士兵，3人从后往前依次呈现的是站姿、蹲姿与跪姿；

46：斯巴达军官；

47：黑劳士，在斯巴达军队中服务，他们通常都勇敢忠心，但少有回报；

48：身披亚麻铠甲的斯巴达人，与雅典人不同，斯巴达人蓄长发，编发辫，仿佛这发辫能替他们挡上几剑；

49~50：雅典军中的色雷斯雇佣兵，很长一段时间内，色雷斯雇佣兵是阿提卡首都的警察，很快，雅典贵族骑兵开始模仿雇佣兵独特的装备风格；

51~52：战骡与轻盾士兵，士兵手中的投石器在前5世纪的战场上显示出极大威力；

53~55：马其顿士兵，士兵服装的特点更加鲜明，盾牌更加扁平；

56：马其顿军官，这一服饰风格在此后几个世纪很流行，地中海沿岸城邦纷纷效仿，传播范围一直延伸至伊特鲁里亚和罗马；

57：石碑，古希腊人修建了数量庞大的石碑，或是为了庆祝一次战役的胜利，或是为了向一位英雄勇士致敬。

1：阿波罗，最广为人知的神祇，人们为他修建了无数圣所；

2：雅典娜，经常以手持长矛与盾牌、脚上盘蛇的形象出现；

3：波塞冬，海神，易怒；

4：忒提斯，宙斯的伴侣，向他递上神露；

5：宙斯，众神之王，他时常变身，令凡人吃惊不已；

6：得墨忒尔，丰收与生育之神，受众人敬仰；

7：潘，流连于山林乡野，擅于吹排箫引诱猎物；

8：狄俄尼索斯，罗马人称其为巴库斯，节日之神；

9：迈锡尼人，图中所示为斗牛的青年男子；

10：迈锡尼人，图中所示为斗牛的青年女子；

11：迈锡尼贵族，多从商致富；

12：埃阿斯，阿喀琉斯的同伴，特洛伊的传奇英雄；

13：阿伽门农，大名鼎鼎的迈锡尼国王，指挥军队远征特洛伊；

14：阿喀琉斯，《伊利亚特》中最著名的勇士；

15：涅斯托耳，皮洛斯国王，积极参加特洛伊战争；

16：皮洛斯女性，其穿着佩戴尤为风情神秘；

17：阿提卡地区的年轻人，成年之前全身赤裸；

18：雅典男性，古风时代男性必须拥有一根坚硬的木棍；

19：古风时代的雅典女性，相较于古典时代，她们更加自由；

20：特洛伊贵族，他们接受的全部教育都是为了战斗；

21：普里阿摩斯，特洛伊最后一位国王，骁勇善战又顽强固执，最终为守城战死；

22：赫克托耳，阿喀琉斯的对手，想要凭一己之力赢得战争；

23：弗里吉亚女性，身着被称为"阿玛宗人服装"的衣服；

24~25：吕底亚妇女及其女儿，在拜占庭之前，这种带花边修饰、五颜六色的长裙是该地区的流行服饰；

26：古风时代的战士，气势威严，保护装备齐全；

27：克里特战士，其头盔由野猪牙制成，这一风格在整个地中海地区流传；

28：特洛伊战争中的重装步兵，他们身披厚重的胸甲在战车上作战，但马车夫却只有一块缠腰布；

29：《伊利亚特》中的希腊战士，全身装备均为铜制；

30：特洛伊男性，其头盔灵感来源于斯基泰人，月牙刀片形的盾牌以及成行成列的鳞片甲相当独特；

31：弗里吉亚的铁甲骑兵，这种骑马者与坐骑皆从头到脚穿挂鳞甲的保护模式直至罗马帝国后期依旧盛行；

32：吕底亚军官，作为特洛伊的盟邦，吕底亚不断骚扰希腊兵营；

33：希腊重装步兵，全身衣服均为皮制，下身衣服还加入垫料；

34：阿卡迪亚士兵，他们通常赤裸战斗，或是步兵或是骑兵，勇气与无畏就是他们的铠甲；

35：佩拉地区的马其顿步兵；

36：彼奥提亚士兵，通常赤裸战斗，但脚上的战靴别具一格（前400年）；

37：阿卡迪亚步兵，其盾牌上饰以家族或氏族的标志徽章（前365年）；

38：马其顿步兵，他们中的大多数都赤脚作战，手中的长矛被称为"kamax"；

39：帖撒利弓箭手，除了色雷斯雇佣兵与斯基泰士兵，希腊人很少使用弓箭；

40：特洛伊城前的希腊战车；

41：战车轻便但易损；

42：图中所示的鞍辔相对比较原始，当马向前伸拉过度时会被勒住；

43：特洛伊战车，战场上的多数对决都是双方战车之间的对抗；

44：希腊士兵，一人头戴野猪牙制成的头盔，另一人则头戴头盔、腿穿胫甲，看上去效果更胜一筹；

45：希腊战士，在盾牌的抵御下，他们可以不时地守卫兵营。

雅典国家考古博物馆

全球较大的博物馆之一，收藏了全希腊20000多件艺术珍品，时间跨度从前4千纪至罗马征服时代为止。

实用信息

地址：44 Patission Street, Athens 10682

电话：+302132144800或+30213 2144891

交通：

地铁：至Omonia或Victoria站

公交：B5、A7、B8、O46等

有轨电车：2、3、4、5、6等

开放时间：

周一13:00—20:00；周二至周日9:00—16:00；

1月1日，3月25日，复活节，5月1日，12月25、26日闭馆。

联系邮箱：eam@culture.gr

更多信息：www.namuseum.gr（英语）

雅典国家考古博物馆

周一，1月1日，复活节，5月1日，12月25、26日闭馆。

联系邮箱：info@theacropolismuseum.gr

更多信息：www.theacropolismuseum.gr

奥林匹亚考古博物馆

与遗址毗邻的奥林匹亚考古博物馆是希腊馆藏较丰富的博物馆之一，收藏了诸多出土文物，其中包括普拉克西特列斯的《怀抱婴儿酒神的赫耳墨斯》。这里还收藏了重要的古代青铜器艺术品。

实用信息

地址：Olympia 27065

电话：+30 26240 22742

开放时间：

冬季：周一10:00—17:00；周二至周日8:00—15:00；

夏季：周一、周日8:00—16:00；周二至周六8:00—20:00；

1月1日，3月25日，复活节，5月1日，12月25、26日闭馆。

雅典卫城博物馆

雅典卫城博物馆

博物馆收藏了所有在雅典卫城发掘出的文物，最著名的是帕特农神庙的横楣与柱间壁。

实用信息

地址：Dionysiou Areopagitou 15, Athens 10682

电话：+30 210 900 0900

交通：

地铁：2号线（至Acropolis站）

公交：24、40、57（至Makryanni站）

有轨电车：1、5、15（至Makryanni站）

开放时间：

冬季（11月1日至次年3月31日）：周二至周四9:00—17:00；

周五9:00—22:00；周六和周日9:00—20:00；

夏季（4月1日—10月31日）：周二至周四8:00—20:00；

周五8:00—22:00；

奥林匹亚考古博物馆

开放时间：

冬季：每日8:00—17:00；

夏季：周一至周五8:00—20:00；周六、周日8:00—15:00。

欲知更多的希腊遗址及博物馆信息，

请登录www.odysseus.culture.gr网站（英语）查询。

图书在版编目（CIP）数据

希腊 ／（法）雅克·马丁著 ； 甄权铨，尹明明译. —
北京 ： 北京出版社，2023.8
（时光传奇）
ISBN 978-7-200-17293-5

Ⅰ．①希… Ⅱ．①雅… ②甄… ③尹… Ⅲ．①古希腊
－历史－青少年读物 Ⅳ．①K125-49

中国版本图书馆CIP数据核字(2022)第115812号

北京市版权局著作权合同登记号：01-2022-2349

责任编辑：王冠中　米　琳

责任印制：刘文豪

时光传奇
希腊
XILA
［法］雅克·马丁　著
甄权铨　尹明明　译

出　　版　北京出版集团
　　　　　北京出版社
地　　址　北京北三环中路6号
邮　　编　100120
网　　址　www.bph.com.cn
总 发 行　北京出版集团
发　　行　京版若晴科创文化发展（北京）有限公司
经　　销　新华书店
印　　刷　北京雅昌艺术印刷有限公司
版　　次　2023年8月第1版
印　　次　2023年8月第1次印刷
成品尺寸　235毫米×305毫米
印　　张　9
字　　数　120千字
书　　号　ISBN 978-7-200-17293-5
审 图 号　国审字（2022）02906号
定　　价　78.00元
印　　数　1—10 000
如有印装质量问题, 由本社负责调换
质量监督电话　010-58572393
责任编辑电话　010-58572473